O Poder Invisível

O Poder Invisível

Os 10 segredos para criar um magnetismo positivo em sua vida

Ruediger Schache

Tradução
Claudia Abeling

1ª reimpressão

lua de papel

Título original: *Geheimnis der Herzmagneten*

Diretor editorial: Pascoal Soto
Editor: Pedro Almeida
Assistente editorial: Gabriela Ghetti

Tradução: Claudia Abeling
Preparação de texto: Thiago Chaves-Scarelli e Renata Mundt
Revisão: Beatriz Moreira
Diagramação: S4 Editorial
Capa: Retina 78

DADOS INTERNACIONAIS DE CATALOGAÇÃO NA PUBLICAÇÃO (CIP)
(Câmara Brasileira do Livro, SP, Brasil)

Schache, Ruediger
O poder invisível / Ruediger Schache ; tradução Claudia Abeling. – São Paulo : Lua de Papel, 2010.

Título original: *Geheimnis der Herzmagneten.*

ISBN 978-85-63066-14-5

1. Autogerenciamento (Psicologia) 2. Poder da mente I. Título.

10-11037 CDD-158.1

ÍNDICE PARA CATÁLOGO SISTEMÁTICO
1. Poder da mente : Psicologia aplicada 158.1

TEXTO EDITORES LTDA.
[Uma editora do grupo Leya]
Av. Angélica, 2163 – Conj. 175/178
01227-200 – Santa Cecília – São Paulo – SP
www.leya.com

Sumário

"Deus não joga dados."

ALBERT EINSTEIN, físico, filósofo

Prefácio

Aquilo que acontece entre as pessoas não é obra do acaso. O que aconteceu em sua vida até agora não foi obra do acaso. Os tipos de relacionamento que você mantém e seu desenrolar não são aleatórios.

Há uma força dentro deles. Ela é a causa de tudo o que acontece em sua vida, de todos os eventos que marcaram sua vida. Ela é o motivo pelo qual exatamente essas pessoas – e não outras – apareceram em sua vida. Essa força age o tempo todo, independentemente de você acreditar nela ou não, de você querer ou não.

Essa força é o segredo do magnetismo do seu coração e você pode modificá-la. A partir desse momento, você vai sentir cada vez mais amor – amor por si mesmo, por sua vida e pelos outros. E quanto mais claramente sentir esse amor dentro de você, mais vai atrair pessoas amorosas e acontecimentos bem-aventurados.

Ao se permitir essa experiência, você vai perceber que seus anseios serão cada vez mais concretizados.

O primeiro segredo

"Todo ser humano que procura se aproximar de você foi atraído por algo que está contido em seu próprio magnetismo."

Atração

Por que algumas pessoas estão rodeadas de atenção enquanto outras precisam lutar por um pouco de amor?

Por que você é atraído como por mágica por um tipo determinado de homem ou de mulher, mas não por outros – que talvez fossem mais adequados a um relacionamento bem-sucedido?

Por que todos os seus relacionamentos se desenrolam de maneira tão obviamente parecida, independentemente do quanto você queira mudá-los?

Por que seu companheiro não consegue se comportar de outro jeito a longo prazo, não importa o quanto ele tente agir diferente?

Por que você recebe do universo exatamente o contrário ou mesmo nada daquilo que foi pedido com tanta intensidade?

O motivo é a força de atração do seu coração. Sua ação não depende de sua aparência, formação, idade, língua e circunstâncias materiais. De um lado, essa força funciona como um ímã que faz com que você atraia ou afaste determinadas pessoas ou circunstâncias, com que você reaja ou se mantenha impassível. Ao mesmo tempo, ela age como um programa que faz com que os envolvidos se comportem exatamente dessa maneira e não de outra.

Tudo reage a tudo

Você é muito mais do que a matéria visível. Seu corpo, seus pensamentos e seus sentimentos são formas de energia que agem sobre outras formas de energia.

A lei básica da pulsação e ressonância faz com que iguais ou diferentes reajam de maneira especialmente intensa uns sobre os outros. Eles entram "em ressonância". Independentemente de como essa reação se processa, você vai notá-la e senti-la como adequada ou inadequada, como agradável ou desagradável. E você reagirá a esses sentimentos com os pensamentos e as ações correspondentes.

Nada acontece por acaso

Cada pessoa que se aproxima e, de uma maneira ou de outra, toca você emocionalmente, foi atraída 80% pela força de seu ímã e 20% por fatores externos. Mesmo que pessoas ou acontecimentos pareçam surgir de maneira imprevisível em sua vida, na realidade há um motivo que, nesses casos, não está tão visível na superfície. Quanto melhor você compreender os segredos do magnetismo do seu coração, mais claras se tornarão essas causas e você penetrará em uma maravilhosa viagem de descobertas sobre si mesmo e sobre os outros.

E tudo tem um sentido

Olhe para a pessoa com quem você se relaciona hoje em dia. Ou lembre-se da última. O sentimento de afeto ou amor não é o único motivo para você tê-la encontrado. Essa pessoa tem ou tinha algo que você ansiava, ou representa algo que lhe é familiar ou que se parece com você. É muito provável que seja uma mistura de ambas as coisas. Fora isso, ela tem características tão diferentes das suas que sempre há motivo para conflitos.

Independentemente daquilo que vocês viveram juntos, há um sentido mais profundo para sua aproximação: a outra pessoa ajuda você a encontrar suas respostas muito pessoais para duas perguntas básicas: "quem sou?" e "o que é o amor?".

Você descobre muito mais sobre si mesmo no momento do estar junto, da troca e em todas as situações cotidianas com o outro do que seria possível aprender sozinho. Ou você começa a se amar e amar a própria vida porque o outro lhe mostra essa beleza e a incentiva, ou ele o tolhe por meio do seu comportamento e faz com que você, por fim, descubra sua própria força, sua autoestima e sua liberdade interior.

Todo o contato com outra pessoa tem um sentido:

- fortalecer o que já existe
- completar o que falta
- crescer na diferença
- e conhecer a si mesmo.

"O começo é a parte mais importante do trabalho."

Platão, filósofo grego e sábio

De que é feito seu magnetismo

Você gosta de ir ao cinema? Você gosta de filmes, romances ou boas histórias? Por quê?

Além do evento social e do lazer, um filme oferece a você principalmente sentimentos. Em média, em uma comédia de amor haverá pessoas diferentes daquelas que assistem a um filme de guerra. Um documentário terá espectadores diferentes daqueles de um filme de fantasia. Cada filme atrai seu público muito especial, porque ele promete vivências sentimentais específicas às pessoas.

Seu magnetismo é feito principalmente de suas "cenas de filme" muito pessoais, relacionadas aos sentimentos. Aquilo que você vivenciou ou gostaria de vivenciar é seu "cinema particular de emoção". As pessoas ao seu redor vão "sentir" a propaganda que você mesmo faz de seu filme e se sentirão atraídas, neutras ou repelidas, de acordo com os sentimentos que você está vivendo ou quer evitar.

Saber disso é o começo de uma modificação básica em sua vida amorosa, e que vai ajudá-lo a economizar muitas buscas e experimentações. Vai ajudá-lo a economizar dinheiro, tempo e uma porção de decepções. E se por acaso as coisas não estiverem andando do jeito que você quer, então você vai perder menos tempo com autorrecriminações e se dedicar mais ao redirecionamento. Conhecer o conteúdo de seu próprio magnetismo torna-o alguém que formata e decide de maneira consciente o que chega até você. E que entende, cada vez melhor, por que as outras pessoas agem de um jeito e não do outro.

O que você sente e como você se sente
determina seu magnetismo.

Isso atrai as pessoas que estão
procurando algo exatamente igual.

Mesmo que os motivos sejam diferentes.

Quem você atrai e por quê

Você não atrai automaticamente as pessoas que combinam com você, mas aquelas que poderiam precisar daquilo que você irradia. Os componentes do seu magnetismo, que agem atraindo ou repelindo as pessoas, são principalmente:

- Suas experiências boas e más, bem como as de outras pessoas, desde que você as incorpore, sem um exame prévio, ao seu mundo mental.

- Suas expectativas, reflexões e temores, bem como os de outras pessoas.
- Seus desejos, ideias, objetivos e decisões interiores.
- O verdadeiro núcleo de seu ser.
- Assim como outros componentes que você conhecerá mais tarde.

Os componentes mais eficientes são aqueles dos quais você menos tem consciência no momento. Se apenas o verdadeiro núcleo de seu ser determinasse seu magnetismo, você atrairia para sua própria vida uma série de pessoas e acontecimentos perfeitamente adequados a ela. Receberia principalmente aquilo que combina com você. Você se surpreenderia muitas vezes e se alegraria mais vezes ainda. Raramente saberia o motivo de algo estar acontecendo, mas perceberia a maneira maravilhosa como isso se encaixa consigo e com sua vida. Liberar de maneira crescente o magnetismo do núcleo mais profundo de seu ser de todas as outras influências é um dos maiores presentes que você pode se dar.

O magnetismo masculino e o magnetismo feminino

O segredo do magnetismo masculino e feminino é uma chave especialmente valiosa para sua própria orientação na escolha do parceiro e no relacionamento.

Todo homem dispõe de elementos femininos dentro de si e toda mulher carrega elementos masculinos. Sentimento, diplomacia, preocupação, empatia, interesse social, capacidades interpessoais, integração são vistos antes como aspectos femininos. Entre as características tendencialmente masculinas estão: razão, lógica, dominância, ação, exercer poder, perseguir objetivos, tomar decisões excludentes.

Homens e mulheres procuram, inconscientemente, tornar-se "um todo", ou seja, possivelmente receber do outro os elementos que lhes faltam. Não existe nenhum homem que disponha somente de características masculinas e nenhuma mulher que seja apenas feminina.

Não estamos falando aqui sobre o fato de a mulher ou o homem parecerem, à primeira vista, "visualmente" mais femininos ou masculinos. Uma atração muito maior é exercida pelo "tipo", quer dizer, pelas características vivenciadas. Na maioria das pessoas, a relação entre as características fica entre 60/40 até 70/30.

A carga de elementos masculinos e femininos de seu magnetismo vai resultar em quão masculino ou feminino é o parceiro que você atrai.

O paradoxo "mulheres fortes – homens suaves"

Muitas mulheres que vivem suas vidas de maneira autônoma e "são donas de seu nariz" experimentam um fenômeno curioso com os homens que se aproximam delas: elas são admiradas e respeitadas, mas ao mesmo tempo parece que alguns homens têm um medo inexplicável delas e não ousam permitir um relacionamento mais íntimo.

O motivo é que o homem se sente, por um lado, atraído pelas características que lhe faltam, mas ao mesmo tempo quer se sentir "masculino" ao lado de uma mulher. Isso é menos possível quanto mais a mulher vivenciar seus elementos masculinos no relacionamento. Simultaneamente, a mulher anseia pelas características empáticas do homem, mas muitas vezes não consegue levá-lo a sério como "homem de verdade" quando ele vive muito imerso em sentimentos.

A situação inversa: se um homem é sensível, aberto a um compromisso, diplomático, atencioso e está interessado no bem-estar dos outros, seu magnetismo irradia muitas características femininas. Isso faz com que ele seja atraente para mulheres que procurem exatamente essa energia feminina, por exemplo, porque têm muitas características masculinas. Ou seja, poderiam aparecer mulheres que, na vida profissional, "caminham pelas próprias pernas". Mulheres que enxergam o mundo principalmente por meio da reflexão e resolvem problemas por ações consequentes.

A chave para o magnetismo feminino ou masculino do seu coração não é o que você faz, diz ou como você se veste, mas como você se sente.

Quando um homem se sente masculino (cheio de força, decidido, autoconfiante), as mulheres serão atingidas por esse sentimento e reagirão a ele de maneira muito mais intensa do que em relação ao resultado de musculação, roupas masculinas ou símbolos de prestígio.

Marcos e os músculos

Marcos é um homem atraente, muito sensível e com algo que chamamos de "coração aberto". Ele se interessa pelas outras pessoas e é uma fonte de empatia e compreensão. Até os 35 anos, ainda não tinha vivido nenhum relacionamento no qual uma mulher tivesse sentido o desejo de viver com ele. À primeira vista, isso era incompreensível, pois Marcos é belo sob todos os pontos de vista.

Ao separar-se de Marcos, uma de suas ex-companheiras explicou-lhe que faltava nele "um certo quê" que as mulheres consideravam atraente e que ela só poderia descrever como "magnetismo masculino".

Marcos não se fez de vítima. Ele se colocava o tempo todo diante do espelho, pensando no que poderia fazer para criar esse poder masculino. Finalmente, matriculou-se na academia de ginástica e começou a treinar diversas vezes por semana. Depois de mais de um ano, seu corpo estava bem condicionado, mas não havia nenhuma mulher à vista. Marcos sentia que sua situação interna e externa não havia se modificado, apesar do trabalho corporal intenso. O que determinava seu magnetismo era o que sentia em relação a si mesmo, e ele sempre se sentia inferiorizado diante de mulheres atraentes.

Marcos procurou pelos pensamentos ocultos que alimentavam seu magnetismo com a sensação de não ser um homem por inteiro. Ele lembrou que percebia o pai como um sujeito irascível, insensível, que não conseguia demonstrar respeito e amor nem mesmo pela própria mulher. Quando jovem, Marcos decidiu que nunca trataria as mulheres desse jeito. Se aquilo que seu pai fazia significava ser um homem adulto, ele não queria sê-lo. Devido a seu esforço para ser especialmente compreensívo, amoroso e empático, Marcos tinha proibido a si mesmo sentir e irradiar as forças masculinas das quais dispunha.

O resultado foi que as mulheres que se aproximavam dele também não conseguiam perceber essas forças. Elas gostavam dele como amigo e confidente, mas o rejeitavam como homem e companheiro.

Marcos reconheceu que tinha a opção de continuar querendo ser o oposto do pai ou de assumir claramente seu anseio por uma companheira. Parecia que ambas as coisas eram inconciliáveis. Ele se decidiu por sentir o homem dentro de si e permitir que ele tivesse acesso a seu ímã como uma forma de magnetismo. A solução que encontrou – especialmente nas situações em que ele antes tentava ser muito simpático e compreensivo para ser querido – foi repetir mentalmente a frase: "Sou um homem". E notou que as mulheres começaram a se interessar por ele sem que tivesse de fazer nada. Sua sensação de poder ser homem aliada a seu corpo treinado acabaram resultando em um pacote atraente.

O interruptor interno – como alterar seu magnetismo imediatamente

Imagine que você tivesse um interruptor, com o qual pudesse ligar ou desligar uma ação. Está vendo o interruptor diante de seus olhos? Ótimo! Na posição em que se encontra agora, ele representa seu magnetismo atual.

O que você quer irradiar a partir deste exato momento? Se você for mulher: quer ser vista pelo seu companheiro como uma mulher atraente? É simples: regule o interruptor para "mulher adulta atraente". Ou para "feminilidade sedutora". Escolha uma expressão que dispare em você um "Sim, é isso que eu quero" e então simplesmente ligue e sinta o que acontece com você.

Sinta a cada passo e a cada movimento como é uma mulher atraente. Você não precisa se olhar no espelho e se convencer de que é assim. Simplesmente sinta a transformação. Não conte a ninguém a respeito. Observe apenas como as pessoas ao seu redor se comportam.

Não é seu corpo.
É muito mais simples.
É seu magnetismo!

No momento em que você tiver criado o interruptor certo para você, provavelmente algo se transformará sem que tenha de fazer alguma coisa a respeito. Sua única tarefa é se lembrar do interruptor e sentir o que acontece quando o manuseia. Você pode ligar-desligar qualquer irradiação que desejar. De "vítima" para "aquele que decide", de "tipo infantil" para "homem", de "tímido" para "decidido", de "carente" para "livre". O interruptor é um espelho e, ao mesmo tempo, uma ferramenta muito eficiente. Ele não apenas resolve o problema da pessoa ou da situação dada. Ele provoca algo muito mais básico: você reconhecerá como a simples transformação de sua autopercepção já atua sobre os outros, mudando o comportamento deles.

Não acredite apenas. Observe você mesmo!

Aquilo que determina seu magnetismo não surge do conhecimento. Surge de vivências e experiências. Surge daquilo que você sente a partir da constituição de sua realidade. "Conhecimento vivenciado e sentido" é muito mais eficiente do que conhecimento aprendido. Ele se torna parte integrante de seu ser, dando-lhe força, segurança e confiança. Quanto mais você tiver consciência de como sua vida "funciona", mais bem estará protegido contra influências externas e seu magnetismo vai atrair com mais intensidade aquilo que lhe pertence.

Observe as pessoas. A si mesmo e aos outros. Não há nada melhor para conquistar confiança. Tome o conhecimento sobre o segredo do magnetismo do amor, saia para o seu mundo e observe se ele o confirma para você. Seu olhar nunca mais será o mesmo.

Observe os casais e tente reconhecer de que maneira eles se complementam. Observe principalmente homens com aparência muito masculina. Que tipo de mulher está ao lado desses machões? Na maioria dos casos serão mulheres bastante femininas já pela sua aparência. Desse ponto de vista, ambas as partes poderiam estar muito satisfeitas. Ao lado de um homem masculino, uma mulher feminina recebe muita energia masculina. Ao mesmo tempo, a autoconfiança em sua feminilidade é visivelmente reafirmada, pois sempre que olha para o homem ao seu lado ela percebe a grande diferença existente em relação a ela, como mulher, e sente sua feminilidade.

Se uma mulher vive sob uma aura de elementos masculinos, por exemplo, porque foi educada assim ou porque a profissão o exige, um homem especialmente masculino vai auxiliá-la a se sentir mais feminina. Ao contrário, um homem mais suave é auxiliado por sua parceira feminina para desenvolver seus lados masculinos.

Enquanto o respectivo magnetismo age de maneira inconsciente, homens com porções femininas ficam principalmente com mulheres com muitas porções masculinas. Observe os casais ao seu redor e você terá a confirmação disso.

Ao reconhecer o segredo do magnetismo do coração, um caminho lhe será aberto para que você trabalhe conscientemente na modificação de seu magnetismo e, consequentemente, passe a atrair parceiros que o incentivem em sua masculinidade ou feminilidade.

Se você, como homem, anseia que seu magnetismo atraia mulheres mais femininas do que até agora, é preciso aumentar sua presença masculina, sua autopercepção, ou seja, seu "jeito de estar presente". Se você, como mulher, quer atrair homens mais masculinos, permita que suas características femininas se desenvolvam, pelo menos na vida privada.

Para o seu magnetismo: aja menos e sinta mais. Sinta-se, principalmente, e sinta também o seu maravilhoso ser.

Muitas mulheres procuram o pai em seus parceiros e muitos homens procuram uma mãe na mulher ao seu lado. Enquanto eles não reconhecerem isso, estão à mercê das reações que ocorrem automaticamente ao seu magnetismo.

Se você tem clareza do que influenciava seu magnetismo até agora e o que você realmente quer vivenciar, então pode tomar a decisão de "mexer no interruptor". Essa clareza não significa que você tem de se decidir de maneira descompromissada por uma ou outra coisa. Essa clareza significa saber o que você realmente quer vivenciar e sentir. Essa clareza significa saber quem é você, o que quer e como isso acontece.

Ana, Robert e o filho

Desde que se conhece por gente, Ana – uma professora de educação física de 32 anos -- queria ter filhos. Ela conheceu Robert, um empresário bem-sucedido. Robert tinha desejos parecidos aos de Ana em relação à família. Ambos se gostaram logo de início e se entendiam bem. Depois de dois anos, passaram a morar juntos e sempre conversavam sobre o futuro.

Depois de pouco tempo, começaram a surgir mais e mais momentos de tensão que não desapareciam nem com repetidas discussões. Basicamente, Robert usava sua posição financeira claramente mais confortável para exigir que Ana se comportasse de acordo com suas expectativas. Ela tinha de aprender a cozinhar, passar suas camisas e cuidar da casa com esmero, embora ele dispusesse de uma ajuda externa para tudo isso antes de morarem juntos.

Ana podia fazer de tudo, mas seu parceiro sempre lhe transmitia a sensação de que ela tinha menos valor e era menos madura emocionalmente do que ele. Muitas vezes, ela se sentia tutelada como uma criança.

Certo dia, Ana foi se aconselhar com um amigo sobre seu futuro profissional. Ela queria saber qual caminho seguir depois de uma demissão. Na conversa, ambos se lembraram de situações nas quais Ana sempre se sentia à vontade, pois aquilo que faz o coração saltar e os olhos brilharem é sempre uma indicação para um caminho adequado de vida. Quando eles juntaram aptidões e capacidades, Ana percebeu que desabrochava internamente na presença de crianças e, ao mesmo tempo, que as crianças gostavam muito da sua presença. Perguntada, ela respondeu que provavelmente se dava tão bem com as crianças porque se sentia ligada a elas no mesmo nível.

De repente, ela percebeu por que Robert a tratava como uma criança, em vez de uma companheira à sua altura. Ela se sentia mais à vontade no papel de uma criança do que no de uma mulher adulta. Robert reagia inconscientemente aos sentimentos que eram irradiados por seu magnetismo. Há anos ele hesitava em formar uma família com ela, usando de argumentos pouco convincentes, embora esse fosse seu desejo desde a juventude. Agora Ana sabia o motivo. Do ponto de vista do magnetismo, Robert já tinha um filho: sua companheira.

Ana ficou muito abalada com essa percepção. Subitamente ela entendeu que seu companheiro era apenas o espelho dos seus próprios anseios – de querer se sentir como uma criança. Robert só podia se comportar de maneira "paternal", pois ela irradiava exatamente isso.

Mas será que, por essa razão, ela devia abrir mão de seu desejo de lidar com crianças? Será que devia abrir mão de suas características infantis apenas para viver um relacionamento adulto homem-mulher com seu companheiro?

Ana sabia o segredo de seu magnetismo e decidiu fazer uma tentativa. Ela imaginou um interruptor mental, com o qual podia mudar de "criança" para "mulher". Todas as vezes que chegava em casa e tirava a chave da ignição do carro, ela parava por um instante e mexia no seu interruptor. Ela se conscientizava de que não era uma criança, mas uma mulher adulta que chegava em casa para se encontrar com seu marido adulto.

Ela não conversou com Robert sobre sua descoberta, apenas sentiu como era chegar em casa como mulher. Já na primeira noite, depois de ter mexido no interruptor, Ana percebeu como o seu companheiro a tratava com mais respeito. Em pouco tempo, o relacionamento entre os dois mudou de maneira significativa e, quanto mais Ana se lembrava de como era sentir-se mulher, mais Robert a tratava como uma companheira à sua altura. Seu desejo de ter filhos com ela renasceu e as exigências quanto às tarefas domésticas pararam totalmente. Ele começou a procurar junto com ela uma casa para iniciarem sua família.

Ana reconheceu que as tentativas de influência de Robert eram apenas tentativas inconscientes de confirmar que ela podia ser uma mulher adulta e mãe, pois seu magnetismo era contrário a isso. Robert percebeu rapidamente que Ana decidiu ser mulher e a necessidade de que ela mudasse sumiu.

Atração – motivo & sentido

Motivo

A força de seu magnetismo não atrai apenas iguais, mas pessoas que procuram aquilo que você irradia. Elas vêm porque sua irradiação promete determinadas vivências e sentimentos. Sua irradiação é composta de seus sentimentos, que são o resultado de suas vivências e de sua visão de realidade.

Sentido

- O sentido da atração recíproca é que pessoas possam se "reconhecer" além das percepções sensoriais habituais, a fim de vivenciarem juntas determinadas situações.

- O sentido mais profundo de todo encontro, para ambos, sempre é crescer e saber mais sobre si mesmo e os outros.

Conhecimento vivenciado em relação ao primeiro segredo

- Lembre-se de acontecimentos e de pessoas importantes de seu passado. De que maneira você cresceu devido a esses encontros que marcaram sua vida? Você atraiu situações/pessoas semelhantes depois ou isso se desfez?
- Observe as pessoas de seu círculo social que se tornaram amigas ou começaram um relacionamento. Suponha que o motivo para isso não sejam apenas os bons momentos passados juntos, mas a experiência de algo determinado em conjunto. Em quais eventos ambos se apoiam mutuamente e quem assumiu qual papel? Quem cresce com determinados acontecimentos e quem está estagnado?
- Observe as pessoas que chamam a sua atenção. O que elas tentam atrair para a própria vida com sua roupa, seu comportamento, seus símbolos de *status*?

Qual é, provavelmente, o seu desejo quando agem da forma como você as observa?

Como redirecionar seu magnetismo

- Ao compreender e, por meio de observação, perceber como acontecimentos e pessoas reagem uns aos outros, você terá uma nova visão da realidade. A partir da vivência do poder de seu magnetismo, você começará a modificá-lo conscientemente e a querer empregá-lo. Esse conhecimento modifica de maneira significativa seu magnetismo no sentido de torná-lo um empreendedor ativo.
- Crie "interruptores internos", posicione-os internamente para irradiar seu magnetismo quantas vezes você quiser, e não modifique mais nada. Em seguida, observe o que acontece.

O segundo segredo

"Aquilo que você atrai mostra, como um espelho, em que consiste seu magnetismo, para que você consiga se posicionar de maneira mais clara."

O espelho

As pessoas e os acontecimentos que você atraiu para sua vida mostram, como se fossem um espelho, partes importantes de seu magnetismo. "Espelho" não significa que todos aqueles que você atraiu são seus iguais. Significa que a outra pessoa fornece um indício de alguma coisa que se encontra em seu magnetismo.

Muitos dos que ouviram falar do princípio do espelho supõem que ele seja correto, mas desistem de aproveitá-lo depois de algumas tentativas, pois não conseguem reconhecer as conexões. Às vezes, parece funcionar; outras, não.

O motivo é que o espelho não reflete simplesmente alguma coisa que é exatamente como você. Ele mostra muito mais! A partir dos acontecimentos externos você pode reconhecer o que funciona em seu magnetismo. E assim que tiver descoberto esse motivo, será possível influenciá-lo.

O magnetismo do seu coração age de quatro maneiras:
ele atrai o que é igual, o que é oposto,
o que foi rejeitado ou um "milagre".

1

"Você atrai o que é semelhante ou comparável ou se sente atraído pelo que é semelhante ou comparável."

A sensação de atrair para sua vida uma pessoa que tem coisas em comum com você é boa e você compreende de cara por que se encontraram. Semelhanças são familiares e a familiaridade gera a sensação de segurança, acolhimento e paz – sentimentos desejados pela maioria das pessoas.

"Você é como eu em muitos aspectos. Isso é maravilhoso." Nesses momentos, você reconhece como você mesmo é. Percebe algo semelhante a si mesmo no outro e sente amor e simpatia pelo que observa. E porque isso é parecido consigo você não sente amor só pelo outro, mas também por si mesmo. Você se vê e se sente no outro. Esse é o primeiro efeito do espelho.

A cada vez que você descobre algo em comum,
você se percebe. E a cada vez que decide
amar o outro por isso,
você está se amando um pouco mais.

2

"Você atrai o oposto ou se sente atraído pelo oposto."

Se uma pessoa que você atraiu é diferente de você em muitos aspectos, talvez você se pergunte por que se encontraram. Afinal, ela lhe transmite em menor grau uma sensação de familiaridade, compreensão ou segurança do que uma pessoa que tem basicamente características semelhantes às suas.

Há dois motivos para esse tipo de atração. Tal pessoa pode ser um complemento maravilhoso às suas características, ou é uma provocação constante. Às vezes, as duas coisas acontecem, o que leva a um relacionamento vivo ou insuportável – dependendo da proporção. De todo modo, ao estar junto com uma pessoa assim você reconhece aquilo que o complementa, aquilo que você deseja e aquilo de que não gosta. Você aprende um pouco mais sobre si mesmo.

Cada vez que percebe uma diferença em relação à outra pessoa, você está se percebendo. E a cada vez você pode decidir em qual direção quer se desenvolver, ganhando um pouco mais de força.

3

"Você sempre atrai exatamente aquilo que quer evitar."

Se algo – um determinado tipo de pessoa ou certas situações – volta e meia aparece em sua vida, embora você queira evitá-lo, isso é desagradável, por um lado, mas, por outro, também é perfeito para descobrir qual parte de seu magnetismo é o responsável por essa atração. Repetições indesejadas são os melhores indicadores. Elas lhe mostram onde um padrão se fixou, passando a agir como um programa secreto.

Aquilo que você rejeita o atrai especialmente porque desperta fortes sentimentos e concepções. Esses são os conteúdos de seu ímã, pelos quais as outras pessoas se sentem atraídas.

Você pode imaginar que está criando um "filme". No começo, talvez o filme seja curto, pouco nítido, apenas algumas imagens em preto e branco e sem som. Quanto mais se acumulam suas vivências sobre esse tema, mais incisivo se tornará seu roteiro a respeito daquilo que você "não quer". Seu filme se tornará mais longo e mais detalhado. Ele receberá cores e som; quando menos perceber, ao inserir o som ambiente e a tela, você estará atraindo uma horda de espectadores, que estão à procura desse exato filme e querem vivenciar emocionalmente seu conteúdo. Com você como protagonista.

Robert e os peixes

Três dias antes de seu aniversário de quarenta anos, Robert conheceu Janete, uma mulher de 37 anos, sua vizinha. Robert havia trabalhando intensamente a imagem interior de sua companheira; Janete, à primeira vista, não combinava em nada com ela. Tanta coisa nela era diferente daquilo que ele tinha imaginado no passado, que ele logo descartou um relacionamento. Livres do fardo de terem de se tornar um casal, ambos passavam muito tempo juntos e curtiam descobrir mutuamente suas diferenças.

Certa noite, Robert estava deitado na cama e relembrou os dias anteriores. E, de repente, entre todas as boas recordações e sentimentos, surgiu um pensamento: "E se for ela mesmo?". Se a sensação era tão boa, isso podia ser um indício de que Janete era a mulher procurada.

No encontro seguinte, ele olhou Janete com outros olhos. Começou a encará-la como uma possível companheira. Nessa hora, ele percebeu algumas características que haviam lhe passado despercebidas. Admirou os longos cabelos pretos dela, seus misteriosos olhos escuros, suas graciosas mãos finas... Subitamente, tinha acontecido. Robert percebeu claramente que Janete era a mulher que sempre desejara.

Janete não sentiu a mesma coisa no início, mas logo os dois ficaram mais próximos fisicamente e Robert considerou que isso era uma confirmação de que ela sentia o mesmo. Depois de algumas semanas, Janete disse a Robert que gostava muito dele, mas não conseguia imaginá-lo como seu namorado. No começo, Robert não conseguiu acreditar nisso. As semanas anteriores tinham sido boas demais para ele. Começou a procurar motivos e chegou a uma conclusão. Ele lera em um livro que algumas poucas combinações de signos dificultavam muito, se não impossibilitavam totalmente, um relacionamento. Pesquisou em diversas fontes, chegando sempre à mesma confirmação: para ele, de Libra, uma mulher de Peixes era a companheira menos adequada possível.

A partir desse momento, ele passou a ver Janete como a mulher pela qual tinha sentimentos intensos de amor e desejo, mas que, ao mesmo tempo, nunca se tornaria sua companheira. Sempre que estava junto dela, dava-se conta daquilo que nunca poderia ter. Robert sabia que ele mesmo havia criado a base para o maior sofrimento amoroso possível, mas não se sentia capaz de mudar aquela situação.

O relacionamento tomou seu curso, com seus altos e baixos, até que os dois se separaram totalmente depois de um ano. Robert jurou que nunca mais passaria por um drama semelhante e que nunca mais queria atrair uma mulher de Peixes.

As próximas três mulheres pelas quais se sentiu atraído eram de Peixes. Ele conhecia o segredo de seu magnetismo e estava consciente de que atraía aquilo que queria evitar, mas não conseguia fazer diferente. Seu desejo de evitar uma repetição do drama amoroso tinha ficado tão intenso que sete entre dez mulheres que escolheu em um site de relacionamentos – apenas a partir de suas fotos! – eram de Peixes.

Em um livro, ele leu que o amor e a aceitação eram o caminho mais curto para a cura. No seu caso, era o único caminho que podia enxergar. Dessa maneira, ele resolveu nunca mais lutar contra sua intuição e seus sentimentos, mas amar a si mesmo pelo fato de achar essas mulheres interessantes.

Depois de cinco meses, ele conheceu Katia. À primeira vista, ambos se sentiram atraídos como ímãs e Robert percebeu que sua intuição ainda era confiável. Katia também era de Peixes e Robert adorou saber disso! Nesse meio-tempo, ele conhecia tão bem todas as características que diziam ser de Peixes que achava divertido descobrir uma após a outra em Katia. E ela se espantava com a sua grande compreensão e grande tolerância, como nenhum outro homem lhe demonstrara antes. Atualmente, os dois vivem juntos.

Muitas vezes, para escapar do processo de repetição, o ideal é que a pessoa pense intensamente naquilo que quer, em vez de se ocupar com aquilo que deseja evitar. Esse caminho é o mais curto e mais simples – quando funciona.

Se não funcionar, o que acontece na maioria das vezes, o motivo é que a rejeição continua existindo. Ela permanece sendo o poder do magnetismo, mesmo reprimida e soterrada por outros desejos.

A cada pensamento ou sentimento com o qual você rejeita ou julga algo ou alguém, seu magnetismo vai atrair, com mais força, exatamente isso.

Você tem toda a razão se está pensando agora que é bom saber dessa relação de causa e efeito, mas que é impossível reprimir ou "controlar" esses processos internos. Querer controlar sentimentos e pensamentos não é uma boa ideia – mesmo que funcione para algumas pessoas —, a não ser que você queira se tornar um monge zen profissional.

O caminho suave

Há um caminho composto de quatro passos simples que modifica seu magnetismo de maneira total nesse aspecto.

Seu lado bom é que, ao contrário de muitos outros caminhos, você não controla nada e não precisa mudar nada em si mesmo. Também não precisa tomar nada "pelas rédeas" nem "arrumar" nada, porque você – a criatura maravilhosa e mágica que é – já está em ordem. Existem apenas alguns pensamentos em seu magnetismo que criam um filme...

Esse caminho suave o carrega com cuidado, como que por inércia, até seu novo magnetismo.

- Passo 1 – Observar

Você não controla nada. Apenas sabe o que acontece. Sabe como os pensamentos, os sentimentos e o seu magnetismo agem, e isso é evidente. Muitas vezes, também, isso não será evidente, mas é algo normal e está totalmente em ordem. Cada vez mais, porém, você vai "acordar" por um breve momento e notar o que está acontecendo: "Eis novamente esse pensamento que gera sentimentos com os quais relacionar o magnetismo". Ou: "Eis novamente essa situação ou esse tipo de pessoa/comportamento que é atraído pelo meu magnetismo. Interessante como isso funciona!".

Quanto mais evidente se tornar esse efeito para você, mais força perderá um pensamento específico de rejeição. Isso é suficiente para o primeiro passo da transformação no magnetismo do seu coração.

- Passo 2 – Compreender

Quanto mais você compreender por que as coisas aconteceram em sua vida exatamente de uma maneira "x" e não "y", mais perceberá que, de certa forma, isso não foi um problema. Talvez um ou outro evento tenha sido desagradável, mas é a vida. Você está totalmente convencido de que *tinha* de ser diferente? Todos – inclusive você – fizeram o que era preciso ser feito porque na época você não tinha alternativa. Se tivesse, então teria tomado outro rumo. Compreender ajuda a aceitar, e aceitar ajuda a amar. Depois de pouco tempo, você vai notar quais pensamentos rejeitados aparecem constantemente durante anos gerando sentimentos fortes. Embora nada mude em relação a esses temas na vida, eles ficam dando voltas na cabeça como uma pedra de moinho. Tais pensamentos não têm sentido em sua vida. Qual o significado de um pensamento que não é seguido nem por um conhecimento ou por uma ação, tampouco por um movimento ou uma transformação? Nada além de uma carga supérflua. Caso você encontre uma pedra dessas, depois de observá-la por um tempo, procure perceber se tem vontade de eliminá-la. Pense nisso: ela também será eliminada se você não fizer nada, porque você sabe, a partir de então, como ela funciona. Mas se mesmo assim tiver a sensação de querer fazer alguma coisa, simplesmente tente dar o próximo passo.

- Passo 3 – Assumir

Aceitar algo internamente é mais simples do que imaginamos. Aceitar *não* significa "achar o máximo". Não significa ter de amá-lo. Não significa ter de "eliminá-lo". Significa apenas ver que as coisas são como são e que, mesmo com essa questão pendente, você é um ser humano maravilhoso.

Se você simplesmente perceber internamente o que existe, sem combatê-lo, você verá a verdade. Não vai mais querer evitá-la. E aquilo que não quer mais encarar, não atrairá mais o seu magnetismo.

"Sou exatamente assim como agora. Triste, alegre, medroso, eufórico, tímido, frágil, emotivo, desejoso..." Esse é o fato. Aceitar significa simplesmente enxergar a verdade nesse momento. Significa reconhecer que todas as pessoas deste mundo têm suas questões e que isso não é um problema, porque faz parte de nossa existência. É normal. Talvez você até descubra que são exatamente essas grandes e pequenas imperfeições que o levam a amar alguém. E talvez você perceba que, quando começar a amá-las nos outros, passará a amar exatamente as mesmas imperfeições em si mesmo.

- Passo 4 – Decidir

Agora que você conhece essa força, tais pensamentos não vão simplesmente sumir. Mas se tornarão cada vez menos numerosos e perderão sua força conforme mais claro estiver para você o seguinte: "Quanto mais eu pensar nisso, mais vou atrair isso como que por mágica. É isso que eu quero? Não. No que eu deveria pensar então? Por exemplo, em possibilidades de melhorar isso".

Pode existir um atraso em relação ao seu conhecimento e a reação no exterior, fazendo com que, apesar de sua nova clareza, os eventos ou tipos de pessoas conhecidos continuem a aparecer por um tempo. Você estará olhando para o seu próprio passado. Mas desde então você sempre saberá por que está acontecendo, e dessa maneira o poder de atração de seu magnetismo se tornará cada vez menos intenso.

Clara e o jantar

Clara é funcionária de uma empresa técnica. Depois de uma série de experiências "ruins", ela passou um bom tempo sem coragem para envolver-se em um novo relacionamento. Certo dia, porém, ela conheceu melhor Peter, um colega de trabalho, e eles combinaram de cozinhar juntos no apartamento de Clara. A noite começou bem, a comida era gostosa e Clara estava se sentindo confortável. Ela pediu para Peter ir à sala com duas travessas cheias e ficou na cozinha resolvendo mais alguns detalhes. Quando, pouco depois, chegou à mesa de jantar, quase caiu dura: Peter já tinha começado a comer. Isso já seria incomum o suficiente, pois a maioria dos homens certamente esperaria por sua anfitriã no primeiro encontro. No caso de Clara, porém, havia um agravante: seu pai se comportara assim durante toda a vida em relação à sua mãe. Clara tinha observado isso, desde criança, e sentido o desprezo e a rejeição do pai em relação à mãe. Começar a comer antes de a companheira estar sentada à mesa era para ela um símbolo aflitivo de falta de consideração.

Ela conversou com Peter a respeito e descobriu que ele não tinha qualquer problema em relação a essa situação, pois na sua família tal comportamento também era normal entre os pais. Os dois começaram a discutir e Peter acusou Clara de imaturidade.

No fim, a noite tinha sido claramente menos romântica do que o previsto. Como Clara continuava achando Peter simpático, ambos se encontraram mais duas vezes. Cada encontro terminou em discussões sobre problemas, e Clara não sabia como se comportar. Finalmente, ela teve uma ideia: inventou em sua imaginação algo que chamou de "zona sem problemas". Contou a Peter a respeito e ambos combinaram que, dali em diante, encarariam seus encontros como se estivessem numa zona dessas. Funcionou! Sempre que um dos dois queria falar sobre um problema, a pessoa pensava antes se queria tumultuar a zona ou preferia contribuir para um clima harmônico. Eles continuavam discutindo problemas, mas em outras oportunidades, fora da zona criada. Não surgiu nenhum relacionamento amoroso entre eles, mas nasceu uma boa amizade.

4

"Você atrai algo que lhe é inexplicável, surpreendente, novo. Talvez considere isso um milagre."

Cada vez que algo como um milagre surge em sua vida, aquilo que você imaginava sobre si mesmo e sua vida é abalado. Você tenta compreender o milagre, mas ele é incompreensível. Você pode apenas aceitá-lo como um presente. É possível que exatamente nesse momento perceba o quanto o Universo o ama. Mesmo que não entenda de pronto, algo em seu magnetismo atraiu esse milagre ou o desencadeou.

Tome um tempo e lembre-se de um caso assim. Talvez você quisesse alcançar, sem falta, alguma coisa. Talvez estivesse procurando intensamente por um companheiro. Ou talvez estivesse lutando há tempos contra ou por alguma coisa. Talvez quisesse convencer uma pessoa sobre algo. Você se lembra de como se sentia na época e como tudo era difícil e havia tanta resistência? Quanto mais se dedicava ao assunto, mais complicado parecia ser. E quando decidiu que não valia a pena continuar agindo assim, quando você já tinha, de certa maneira, desistido e estava começando a se conformar com o fato de que sua vida também seguiria mesmo que o evento que buscava não ocorresse... Exatamente aí ele se deu. E veio por caminhos muito diferentes daqueles que você considerava possíveis.

Naquela época, você se encontrava em um estado interior especial. Provavelmente você estava, de algum modo, feliz. Aliviado. Provavelmente tinha desistido de alguma coisa. De uma pessoa, uma ideia à qual você tinha se fixado. Provavelmente você desistiu de alcançá-la à força. Mas não desistiu como uma reação de desafio ou com raiva. De algum modo, você simplesmente delegou a tarefa ao Universo, porque reconheceu que não podia fazer mais nada.

Você gosta de milagres? Envolva seu magnetismo com o sentimento de entrega e não espere por nada. E se mesmo assim quiser esperar por algo, então que seja simplesmente por um milagre.

Se você se lembrar do sentimento que tinha quando entregou a tarefa ao Universo, então perceberá qual foi o sentimento que atraiu o fato.

Ele é chamado de "entrega". Você havia feito de tudo o que era humanamente possível, e depois abriu mão. Você não desistiu. Você simplesmente soltou. Com amor, não com ressentimento. Reconheceu seus limites e percebeu onde se iniciava algo superior sobre o qual o seu querer e seu agir não têm influência.

Perceber esse limite, dizem todos os mestres sábios de todas culturas e épocas, é o limite para o divino. Não importa como você denomine isso, é sua escolha – o importante é que perceba esse sentimento de maneira consciente, pois assim você pode redirecionar seu magnetismo em situações aparentemente sem saída.

Milagres acontecem quando abrimos mão. Muitas vezes, quando paramos de lutar por algo que achávamos que tínhamos necessariamente de possuir, acontece algo totalmente inesperado. Parece um milagre, mas também foi atraído pelo magnetismo do coração.

Um dos exemplos mais belos é o milagre do amor. O amor entre duas pessoas só surge quando ele não é imposto. O controle impede o amor. Se você realmente abrir mão, haverá espaço tanto para o amor de outra pessoa quanto para o amor pela sua própria vida.

O espelho – motivo & sentido

Motivo

- As pessoas ao seu redor e o comportamento delas não são casuais. Em algum momento, você procurou estar próximo delas ou vice-versa – ou ambas as coisas.
- As pessoas e as situações na sua vida apontam motivos em seu magnetismo. Você pode fortalecer, conscientemente, os motivos para acontecimentos positivos. E pode eliminar, de maneira focada, os motivos para acontecimentos negativos.

Sentido

- O sentido para os acontecimentos e pessoas atraídos está em perceber quem você é, onde você está no momento e decidir em que direção você quer guiar sua vida.

- O espelho mostra a você o que o seu magnetismo atraiu no passado, para que possa tomar novas decisões agora.

Conhecimento vivenciado em relação ao segundo segredo

- Observe as pessoas que têm ou tiveram um papel importante em sua vida. Por que você as atraiu? Em quais setores elas o fortalecem, complementam ou irritam?
- Observe quais as características de seus amigos e conhecidos. Eles têm ideias iguais sobre coisas que são essenciais para você? Quais são os pontos de vista cristalizados deles? Em quem você encontra características basicamente diferentes das suas, e quais são elas? Aquilo que sempre desperta sentimentos muito claros em você lhe mostra o que você quer e o que não quer. Isso lhe dá clareza sobre si mesmo.
- Observe quando alguém se irrita com alguma coisa. Muitas vezes a pessoa se irrita com um espelho que está mostrando algo do seu próprio magnetismo. Muitas vezes a pessoa condena na outra exatamente

aquilo que carrega em si e do que não conseguiu se livrar.

- Observe as pessoas que têm sucesso. Como elas lidam com o próprio espelho? Como lidam com eventos e encontros positivos e negativos? Muitas vezes, essas pessoas estão em condições de tirar uma lição de cada acontecimento e redirecionar rapidamente sua vida e suas ações.

Como redirecionar seu magnetismo

Seu magnetismo altera seu efeito no momento em que você reconhece, por meio do espelho, por que vem atraindo determinados acontecimentos, pessoas e comportamentos. Se você reconheceu o "tema", a causa e a relação, então está dado o primeiro passo para a transformação e uma parcela significativa da antiga força de atração desse tema será eliminada.

O terceiro segredo

"Sua clareza vai atrair, a partir do caos de inúmeras possibilidades, exatamente as pessoas e os acontecimentos que combinam com você."

Clareza

A realidade que o rodeia abriga infinitas possibilidades e coisas a mais do que você pode perceber ou mesmo imaginar. Resumindo, há simplesmente de tudo. Todo tipo de pessoa, todo tipo de comportamento. Se você quisesse abarcar e compreender tudo, certamente não lhe sobraria tempo para a própria vida.

Andando por um grande *shopping*, você não se dispõe a olhar tudo, muito menos a saber a função e a montagem de todas as mercadorias oferecidas. Mesmo passeando sem um objetivo definido, você vai notar principalmente as coisas que combinam com você e com sua vida.

Não é sua tarefa entender tudo. A tarefa é escolher, entre a quantidade infinita de possibilidades, exatamente aquelas que se encaixam no planejamento pessoal de sua vida. E para isso seria bom ter ao menos algum tipo de conceito. Você pode talvez chamá-la de "ideia de vida".

Quem é você? Para onde quer ir? Quais são seus anseios? O que ainda quer vivenciar sem falta? Com que tipo de pessoas você quer estar? Qual é o sentido da sua vida, neste momento ou no geral?

Essas não são perguntas simples e, mesmo que encontremos as respostas, elas mudam constantemente ao longo do tempo. Felizmente não se trata de respostas completas ou definitivas. Trata-se de desenvolver uma intuição sobre a direção que queremos tomar. Essa intuição em relação ao fluxo da própria vida gera um magnetismo claro e com grande força de atração.

A força do anseio

Suponhamos que você vive aquilo que muitos chamam de uma vida "normal". Você come, bebe, dorme, vai trabalhar, encontra pessoas, tem um *hobby* e de vez em quando tira férias. Sua vida pode realmente ser uma vida maravilhosa, caso você goste dela e a considere perfeita. Uma vida dessas é um paraíso enquanto você não achar que está faltando algo.

Mas se não for assim... O que é esse "algo"? Muito provavelmente é um anseio não concretizado.

O anseio é uma das forças mais poderosas do seu magnetismo.
Essa força pode conquistar tudo que você deseja.
Ou impedir tudo.

A força de seu anseio é como a força de um homem com uma caixa de ferramentas. Ele pode construir uma cabana ou demoli-la. Seu anseio pode fazer você avançar na vida e conquistar algo. Por outro lado, como anseio não concretizado, pode quase destruí-lo. A força é a mesma. Você decide o que vai acontecer com ela.

Um anseio não significa que é imperioso que você alcance um determinado objetivo para aplacá-lo. Ele mostra principalmente qual é o tipo de sentimento que você quer vivenciar.

Muitas pessoas sentem um anseio crescer dentro de si quando veem veleiros no mar. Elas sonham com países distantes e com aventuras. Sonham, em primeiro lugar, com liberdade. Algumas decidem concretizar esse anseio. Trabalham duro durante muitos anos a fim de economizar dinheiro para um barco grande. Em vez de vivenciar liberdade, durante esse tempo elas criam, para si mesmas, ainda mais limitações. Adiam sua felicidade.

Assim que você reconhecer que atrás de todo anseio há o desejo de vivenciar determinados sentimentos, pode decidir se é necessário alcançar o objetivo concreto do anseio ou se você pode trazer esses sentimentos de outras maneiras para sua vida. O caminho para usar a força de um forte anseio é simples: dê-lhe um canal pelo qual ela possa fluir e criar algo. É importante para o poder de atração de seu magnetismo que você não prenda seus anseios, pois o que você vai irradiar se está sempre sentindo claramente falta de algo? Insatisfação. Se quiser atrair pessoas satisfeitas à sua vida, irradiar insatisfação não é o ideal.

A melhor coisa que você pode fazer para si mesmo é ter clareza sobre seu ideal de vida e sentir que está no caminho para o seu futuro perfeito.

Se você tem pouca clareza sobre seu ideal de vida, quais pessoas provavelmente vai atrair?

- Pessoas que também não têm um ideal de vida muito definido. Isso pode ser perfeito, porque a vida em comum pode ser, simplesmente, o sentido e a realização. Mas os relacionamentos também podem se tornar monótonos, vazios e tensos. Nesse caso, o motivo é a falta de crescimento, de equilíbrio ou complementação.
- Pessoas que acham ótimo que você não tenha uma ideia clara da vida, pois assim você pode facilmente se integrar à ideia delas. Isso lhe soa familiar? Ser transformado em parte da ideia de vida de outra pessoa – o quanto você consegue aguentar?

- Ninguém, pois você já passou pelo primeiro e o segundo casos e não permite mais que eles se repitam. E o tipo de pessoa que você busca – com uma ideia clara da vida – não se sentirá atraído por você, pois ele está à procura de alguém parecido consigo mesmo para concretizar os próprios anseios.

"A felicidade da sua vida depende da natureza de seus pensamentos."
Marco Aurélio, imperador romano

A força de seus pensamentos

Quando se trata da criação do próprio futuro, muitas vezes se diz que a força de seus pensamentos, desejos e expectativas funciona como um ímã, atraindo pessoas e acontecimentos até sua realidade. Na verdade, porém, não são somente seus pensamentos que agem nesse sentido, mas seus sentimentos associados a alguns pensamentos. O pensamento é apenas uma fagulha de ignição, o sentimento é o motor propriamente dito.

Talvez você já tenha ouvido falar ou lido algo sobre a força do desejo. E talvez já tenha tentado aplicá-la e, depois de uma satisfação inicial e de sucessos menores, tenha acabado deixando-a de lado, pois não funcionou suficientemente para você. Se for esse o caso, os seguintes passos práticos irão dar ao magnetismo de seu coração exatamente o impulso necessário pelo qual você estava esperando.

Se a força do desejo não funcionou até agora com você, existem três motivos prováveis para tanto:

1º bloqueio – Você quer ter alguma coisa

Por quê? Geralmente, porque percebe que algo lhe falta. Você sente a falta. No começo, você gera uma força emocional positiva enorme, porque está feliz em poder desejar algo. Sua criança interna descobriu uma nova brincadeira. Isso é exatamente um bom começo para o magnetismo do seu coração. Mas logo a criança perde a satisfação em desejar algo sem receber. Demora demais. A criança fica apática, decepcionada ou até com raiva e brava com aqueles que sugeriram esse jogo sem sentido. Muitas vezes, ela decide que todo esse caminho faz parte do reino das bobagens.

Um pensamento belo sem sentimento é como uma flor sem água. Ele rapidamente perde força e beleza. E quando deixa de ser belo, você não presta mais atenção nele.

2º bloqueio – Você enxerga o objetivo ao longe

Sim, é perfeito quando você consegue imaginar seu objetivo da maneira mais clara possível. A força contrária, porém, que muitas vezes surge nessa hora, é o sentimento de distância entre você e o objetivo. Você sente que não o alcançou agora. Sente-se separado de seu objetivo e exatamente isso marca o seu magnetismo.

Vamos supor que alguém o aconselhe a visitar casas caras, mesmo que você ainda não tenha dinheiro para tanto. Ou a fazer um *test-drive* com o carro dos seus sonhos, mesmo que não faça nem a mais pálida ideia de como poderia conseguir os meios para comprá-lo.

Você realmente consegue gerar uma forte força de atração no seu coração, caso exista, dentro de você, a sensação de que está "a caminho". Você não precisa conhecer os detalhes desse caminho. Na verdade, não precisa nem saber como chegar até lá, desde que sinta que está a caminho.

Caso contrário, isso é motivo para um bloqueio. Sua criança interna não quer ser seduzida pela recompensa, sem sentir que há uma chance de realmente consegui-la.

3º bloqueio – É importante para você

Talvez isso lhe soe familiar: quando a situação não é importante, você consegue fazer as coisas brincando. No momento em que você acredita que é importante realizar algo, as coisas não dão certo ou, pelo menos, geram sentimentos ruins e demandam muito esforço. A importância é um bloqueio que o atrapalha na hora do jogo. Se você diz à sua criança interior que ela tem de construir um castelo de areia, mas que é extremamente importante que ele seja exatamente assim ou assado e que precisa estar pronto até tal data... – onde fica o prazer de criar?

"O caminho é o objetivo."
CONFÚCIO, fundador do confucionismo

Força sem esforço – intenção, caminho e alegria

A primeira força decisiva: ter intenção em vez de desejo

Em vez de "querer ter" um companheiro em sua vida, você poderia sentir que decidiu ter um companheiro. Não fale com os outros sobre seus "desejos". Fale – se realmente for falar – sobre o que decidiu "ter". Você percebe a diferença? Esse pensamento é libertador? Parece que um peso foi tirado de seus ombros? Essa é a sensação da intenção. Nela não há nenhuma falta inserida. Se você "deseja" algo, muitas vezes parece que você tem a sensação de precisar "fazer" alguma coisa. Por exemplo, desejar da maneira "correta" ou "fazer direito" ou esperar. É comum que, por trás da ideia do desejo, se esconda o pensamento de que deve existir algo ou alguém que possa concretizar esse desejo. E então você se torna dependente disso.

Por outro lado, se você "resolver ter", então já colocou o processo em andamento. Você não precisa se preocupar com ele, nem fazer algo direito, nem esperar. O processo está em andamento porque você decidiu assim.

A segunda força decisiva: sentir o caminho em vez de apenas o objetivo

Imagine que você combinou ir ao cinema com uma amiga ou um amigo amanhã à noite. Ou comer no seu restaurante preferido. Você já consegue sentir que está a caminho? Como o momento está se aproximando? Não há dúvida de que o combinado vai acontecer. Mesmo que surgisse um imprevisto, você simplesmente remarcaria o encontro.

Esse é a sensação de "estar a caminho". Você sente que três coisas formam uma unidade: você mesmo aqui e agora; seu objetivo; o caminho até seu objetivo. Se você sente essa unidade, não precisa se preocupar com a maneira como vai alcançar seu objetivo.

Você pode sentir essa unidade com...

- o sentimento de ter seu futuro companheiro ao seu lado. Com o sentimento de que os caminhos de suas vidas estão numa rota de convergência obrigatória. E com sua própria presença aqui e agora, nesse ponto do caminho de sua vida.
- o seu emprego – que está presente no caminho de sua vida —, onde você se sente tão bem como se estivesse em companhia de amigos. Com o sentimento de movimentação até lá. E consigo mesmo, aqui e agora.
- suas férias perfeitas. Todas as suas ações que o levam exatamente a esse lugar. E consigo mesmo, aqui e agora.
- o sentimento de viver como sempre quis. Sua vida como ela é no momento (não como estado definitivo, mas apenas como estação intermediária). E consigo mesmo, aqui e agora.

Você percebe que tudo está certo
porque você está sempre a caminho?

A terceira força decisiva: sentir alegria em vez de importância

Quando você decide ir ao cinema para assistir a um filme maravilhoso ou escolher um restaurante legal para saborear seu prato predileto... Isso é "importante"? Tem algum "significado" para sua vida? Ou você está agindo por prazer?

Claro que há situações na vida que são muito pesadas e nada é mais compreensível do que o desejo de querer mudá-las. Mas quanto mais importância damos a tal situação, mais vamos sofrer. Esse sofrimento retira toda a força que seria necessária para criar outro futuro.

Há maneiras de reduzir a sensação de importância a fim de que você fique livre para a sensação de alegria diante de novas conquistas.

- Imagine-se no futuro, daqui a dez ou vinte anos, e volte-se para olhar o problema de agora. Esse momento ou esse objetivo, analisado em relação à sua vida como um todo, é mesmo tão importante?
- É realmente verdade que você será feliz se alcançar esse objetivo? Não vale dizer "mais ou menos" ou

"provavelmente"... Você pode afirmar com certeza? Aquilo pelo que você anseia ou se esforça é, falando com sinceridade, apenas uma tentativa de saber se é verdade. Experimentar é divertido, "dever" não é.

- Você tem um "plano B"? É tranquilizador saber para onde você direcionaria sua vida caso seu objetivo falhe. Ele não vai falhar, porque você sente que está no caminho. Mas, mesmo se falhasse, não seria tão problemático. Você é livre para ir atrás de novos caminhos no universo. Essa é a aventura, pela qual você está aqui. A força do "plano B" é perceber as alternativas no jogo da vida.

Atenção, armadilha!

Como seus desejos agem sobre os outros

A maravilhosa ferramenta do "desejar" pode fazer com que um companheiro em potencial sinta-se magicamente atraído por você. No momento em que essa pessoa provavelmente adequada entra na sua vida, você deve necessariamente mudar a maneira de realizar seus desejos, senão pode ser que o efeito seja o contrário! Não coloque a pessoa no seu filme interno enquanto vocês ainda estiverem na primeira fase de conhecimento. Claro que a tentação de fazer isso é grande, mas veja o que realmente acontece e os efeitos disso:

- No primeiro passo...

... da atração de um companheiro adequado, fantasie com frequência como você gostaria de se sentir se estivesse com a pessoa certa. Não se preocupe com questões externas; em vez disso, sinta como se a pessoa já estivesse com você. Sinta, ao mesmo tempo, que já está a caminho desse tipo de vida. Assim você cria um campo forte do magnetismo de seu coração, e as pessoas com anseios iguais reagirão positivamente a ele.

- No segundo passo...

... aparece na sua vida uma pessoa adequada a seus sentimentos. No começo, vocês vão se alegrar sobre as coincidências e ideias parecidas em relação à vida, que foram responsáveis pela atração. Começa um maravilhoso tempo de descobertas. Até agora, tudo correu com perfeição.

- No terceiro passo...

... acontece muitas vezes de pensarmos em como seria o futuro com essa pessoa. Vocês já descobriram tantas características desejáveis em comum que é possível acreditar que o resto da pessoa também seja totalmente adequado para o que desejamos em relação à nossa vida. Mesmo assim, uma parte de nós começa a supor que nem tudo pode combinar com perfeição. Como essa suposição ataca o sonho e isso não é agradável, ela é reprimida.

- No quarto passo...

... surge uma intensa idealização da outra pessoa, chamada de "projeção". Projetamos nosso próprio filme de amor na outra pessoa, como se fosse uma tela. Não vemos mais o outro como ele realmente é. Claro que você só tem pensamentos e sentimentos "bons", mas exatamente aí pode estar a causa para o problema que se inicia. O motivo é que essa "posse" não autorizada do outro é percebida intuitivamente e considerada desagradável.

Imagine que você encontrou um companheiro em potencial, mas que precisa de um tempo para entender os seus próprios sentimentos. Como você se sentiria se soubesse que o outro já o transformou em elemento fixo de seu futuro?

Na realidade, você pode perceber isso até fisicamente. A sensação provocada por tais projeções é descrita pelos envolvidos como limitadora, sufocante ou ameaçadora. Uma pressão no peito ou um nó na garganta e a sensação inexplicável de querer fugir.

Dessa maneira, pensamentos de boa-fé e que surgiram da paixão podem ter um efeito contrário àquele que você deseja.

Deseje e espere o quanto e da melhor maneira que puder. E pare imediatamente com isso assim que uma pessoa real estiver em jogo!

O que é melhor?

Não fazer planos sobre um futuro em comum, principalmente quando nos apaixonamos, parece ser uma tarefa sobre-humana. Ansiamos tanto tempo por essa pessoa na nossa vida que não queremos ficar nos ocupando com dúvidas e restrições. Quando o interesse se desenvolve de ambos os lados com a mesma intensidade, o problema é bem menor do que quando um ainda está hesitante. Suponhamos que você seja a parte hesitante: de que maneira você gostaria que o outro se comportasse?

Provavelmente seria mais agradável se o outro "se mantivesse na sua" e desse tempo e espaço para conhecimento mútuo. O amor não pode ser apressado, ele surge por si só. No momento em que você pressiona o surgimento do amor, você o destrói. Você já esperou tanto... Algumas semanas a mais ou a menos não importam.

A melhor coisa que você pode fazer para permitir que sentimentos mútuos floresçam é não fazer nada determinado. Sentimentos precisam de tempo e de espaço.

Todo mundo já vivenciou que isso não é fácil na prática, principalmente se os sentimentos se desenvolvem rapidamente em nós mesmos. Às vezes, é útil imaginar que estamos participando de uma experiência com o tema: "O que o Universo fará se eu não tentar convencer o outro de que eu sou o homem/a mulher certo/a?". Isso tem relação com a confiança básica na própria vida de que – no fim das contas — tudo o que acontece está certo. Talvez você se lembre de seu último relacionamento mais longo. Como vocês ficaram juntos? Não aconteceu de uma maneira inexplicável, como que por si só? Você pode ter certeza: se você e a pessoa que acabou de entrar em sua vida tiverem de ficar juntos, isso voltará a acontecer "por si só". Caso contrário, pode ter certeza de que sua tentativa de conseguir isso por pressão não teria um resultado melhor.

"A vida não é um problema a ser resolvido, mas uma realidade a ser vivida."

Siddhartha Gautama, como Buda – mestre iluminado e criador do budismo

Decepções amorosas... alguns paliativos

Não tente "não amar". Isso é impossível e só traz dor. Onde está escrito que não podemos amar, só porque não somos correspondidos? Ame intensamente, com todas as fibras de seu ser, mesmo que não possa ter a pessoa. Pelo menos assim não é o amor reprimido que dói, mas o fim da ilusão de "ter" o outro.

Não tente "se libertar" de alguém quando isso é impossível. Não podemos decidir nos liberarmos ou simplesmente fazê-lo. Liberar acontece por si só ou não acontece. Em vez disso, tente ressuscitar em você a ideia anterior que tinha da sua vida. Tente lembrar-se de como você, na realidade, queria se sentir.

Descubra o que exatamente do seu magnetismo atraiu o outro. Quando você tiver entendido o segredo do magnetismo do coração, a decepção amorosa não vai sumir de repente, mas você vai conseguir redirecionar sua força destrutiva.

A raiva nasce principalmente porque você se sente sem força e à mercê do comportamento do outro. Em vez de ficar apenas com raiva, vale a pena utilizar os pontos nos quais seus caminhos de vida não combinavam como indicações para formar uma ideia nova e mais clara sobre sua vida.

A peregrinação de Patrick

A história de Patrick, corretor de seguros de 56 anos, mostra com que segurança o segredo do magnetismo do coração funciona em ambas as direções. Aos 50 anos, depois de 25 anos de casamento e dois filhos, Patrick tinha se separado da mulher. O motivo era o desejo por um tipo de vida que ele havia reprimido até então, a fim de se tornar um bom pai de família e marido.

Uma parte da liberdade que Patrick queria experimentar era viajar, outra era ter casos amorosos com mulheres. Por isso, ele comprou uma passagem de ida para a América do Sul.

Externamente, ele vivenciou exatamente aquilo que tinha imaginado: a aventura de viajar para países distantes e estar sempre envolvido em um caso amoroso. A imagem dos anseios que ele tinha criado nos anos não satisfatórios de seu casamento era muito clara e eles foram fielmente concretizados.

Aparentemente ele poderia ter se tornado um homem feliz. Mas Patrick tinha um problema interior não solucionado: ele sofria com a sensação de solidão. Muitas vezes, o desejo por companhia era tão intenso que ele tinha de se levantar à noite e ficar entre pessoas. Ele estava quase o tempo todo à procura de mulheres em cuja presença podia ao menos ter proximidade física, e ele sempre se aproximava daquelas que também sofriam de solidão ou do medo de se relacionar. Essas mulheres refletiam seu interior de uma maneira tão clara que, mesmo nas horas em que estava deitado ao lado delas, ele sentia uma solidão arrebatadora. Em algum momento, a espiral de solidão e procura por mulheres se tornou tão intensa e dolorosa que Patrick quase perdeu a vida. Profundamente abalado pela perda de controle, ele resolveu puxar o freio de mão. Jurou a si mesmo que não teria mais contatos íntimos durante um ano. Ao mesmo tempo, começou uma peregrinação que havia planejado. Visitou conventos e mestres espirituais de diversas culturas, experimentou diversos caminhos e direções religiosas, até se encontrar no sufismo, uma sabedoria do islã.

Aqui, seu juramento e seu sofrimento encontraram acolhida, pois a abstinência foi uma das regras que lhe foi ordenada. Depois de alguns meses, ele voltou para casa e retomou seu antigo trabalho. Ele ainda seguia as regras de sua nova fé, mas o desejo pela proximidade de uma mulher ainda persistia. Então, ele decidiu se casar novamente, pois a relação íntima era permitida no casamento.

Ele colocou um anúncio num jornal de circulação local, que constava apenas de duas linhas: "Homem, 56, envolvido com o sufismo, quer se casar. Caso haja interesse, entre em contato".

Amigos apostaram que ninguém iria entrar em contato a partir de um anúncio desses. Depois de uma semana, Patrick recebeu a carta de uma mulher que queria encontrá-lo. Quando os dois se viram em um café, aconteceu. Eles conversaram durante horas sobre todos os assuntos possíveis. Em nenhuma hora o assunto se desviou para a crença de Patrick, da qual ela – como se soube depois – nunca tinha ouvido falar. A atração mútua foi tão forte que os dois seguiram para a casa de Patrick depois do encontro e tiveram uma das noites de amor mais maravilhosas das quais ele podia se lembrar.

Perguntando pelos interesses e pela trajetória de vida da mulher, ele descobriu que ela estava prestes a concluir o curso de professora de tantra. O magnetismo do coração de Patrick tinha atraído com uma certeza quase inacreditável aquilo que sua razão não queria de maneira nenhuma, mas que seu sentimento ansiava profundamente.

Patrick resolveu o conflito da abstinência que sua nova religião havia lhe imposto de uma maneira muito sensata.

No fundo da sua alma e sem fazer alarde, ele se casou em pensamento com sua amada.

Rejeitar ostensivamente algo em si e na própria vida gera uma das mais intensas forças magnéticas de atração, porque a razão não para de construir, com muita força, uma imagem a partir da qual surgem sentimentos muito intensos, aos quais as outras pessoas reagem. No caso de Patrick, um anúncio minúsculo foi suficiente para atrair uma única pessoa. Mas que pessoa!

Clareza e anseio – motivo & sentido

Motivo

- Quando você sabe quais sentimentos quer vivenciar, emite sinais claros aos quais as pessoas vão reagir.
- Sua clareza sobre quem você é e o que quer acaba por escolher, entre as inúmeras possibilidades de sentimentos, exatamente aquelas que combinam com você, programando seu magnetismo.
- Se um anseio não é atraído apesar de estar muito claro, o motivo é um sentimento contraditório mais forte. Pode ser um medo ou um desejo simultâneo por um sentimento oposto.

Sentido

- Um anseio tem o sentido de lhe mostrar o caminho até os sentimentos que você quer vivenciar. Não importa por meio de qual fato concreto você vai vivenciá-los na realidade.
- Pessoas com anseios semelhantes se atraem. Às vezes, para vivenciá-los juntos. Mas, às vezes, apenas para encontrar-se mutuamente.

Conhecimento vivenciado em relação ao terceiro segredo

- Você sente anseios não realizados dentro de si? Quais anseios lhe dão realmente força para começar algo novo? Anote-os! Quais lhe custam alegrias? Quais sentimentos querem ser vivenciados? Quais seriam as outras possibilidades para isso? Faça alguma dessas coisas e perceba como você sente a vida se modificar.
- Observe pessoas cuja vida parece fluir com facilidade e que o deixam de bom humor quando vocês se encontram. Essas pessoas têm algo em comum: elas se sentem bem com a vida que levam. Sabem o que querem. Elas gastam pouca energia com rejei-

ções; ao contrário, simplesmente deixam de lado aquilo que não lhes interessa. Elas se dão o direito de não ter opinião sobre diversos temas, não quebram muito a cabeça. Em vez disso, orientam-se por aquilo que as interessa. Essa clareza é sua chave para o sucesso.

- Observe as pessoas que rejeitam algo com veemência ou têm visões de mundo muito estreitas. Veja como essas pessoas vivem seu dia a dia, qual profissão exercem e de que maneira. Você irá reconhecer que o ambiente reagiu com segurança.

Como redirecionar seu magnetismo

Sua clareza é a consequência do seu conhecimento sobre si mesmo e sobre a força e o efeito de suas decisões.

- Você terá mais clareza quanto mais souber qual estilo de vida combina com você. Tenha uma "visão" de como quer se sentir. Isso não depende de outra pessoa e do comportamento dela.
- Sinta, cada vez mais, que sua decisão precede tudo o que você faz.

- Reconheça que mesmo quando não faz nada, você está tomando uma decisão: a decisão de não fazer nada. Mesmo que acredite que nesse momento você está impotente, restrito, vítima de circunstâncias ou obrigações, tome a decisão de acreditar nisso.
- As decisões só são realmente eficazes para seu magnetismo se seu coração tiver participado delas. Em caso de dúvida, espere até que o coração e a razão tenham dito "sim" juntos. Não decida nada que vá contra seu sentimento.

O quarto segredo

"A fonte de tudo o que você procura está em seu magnetismo. A fonte é aquilo que você sente."

A própria fonte

Nenhum ser humano age apenas a partir da razão. Em um nível mais profundo, trata-se sempre de vivenciar um determinado sentimento. Mesmo que alguém afirme decidir e agir de maneira objetiva e lógica, ele o faz porque isso lhe dá, por exemplo, a sensação de segurança emocional. A pessoa pode, assim, entender, explicar sua ação, observar as consequências e justificá-las. O risco de ser punido com severidade por um possível erro – algo desagradável – diminui.

O objetivo é sempre vivenciar sentimentos

Do ponto de vista objetivo, não faz sentido um alpinista escalar um pico ou um líder de expedição atravessar um deserto. Objetivamente, a velocidade de determinado piloto ou o grau de criatividade de determinado artista não tem qualquer significado. Mas é possível compreender isso quando sabemos a força dos sentimentos. Mesmo nas profissões mais inimagináveis, o motivo mais profundo para toda ação é sempre o anseio por um sentimento.

- Um político não defende uma posição porque se trata de um assunto específico, mas porque quer vivenciar determinados sentimentos: o de reconhecimento; o de agir "certo"; o de dar sentido à sua vida; o de segurança emocional, porque houve uma decisão a favor daquela opinião; o de pertencer a uma comunidade (o partido); o de se afirmar, para assim sentir-se forte...

- Um programador de sistemas não escreve programas por motivos "objetivos". Ele procura por determinadas experiências emocionais: o sentimento de perceber a si mesmo e a própria inteligência, o sentimento de alegria ao resolver um problema, o sentimento de ser útil aos outros, o sentimento de ter criado algo, de ter controle sobre situações (ou seja: de não ser vítima)...
- Um alto executivo quer ter o sentimento de vencer, de se afirmar, de conquistar segurança material, de exercer poder. Se ele não chegasse a esses sentimentos que seu cargo lhe promete, seu trabalho não lhe traria motivação.

"A razão molda o homem. O sentimento o conduz."

Jean-Jacques Rousseau, escritor franco-suíço, pedagogo, compositor e teórico da sociedade e do Estado

Sentimentos ansiados são o motivo e a força propulsora para tudo. A razão é apenas a ferramenta. Às vezes, porém, a ferramenta nos leva a acreditar que seria o motivo.

No dia a dia, muitas pessoas vivem uma vida – principalmente profissional – sem os sentimentos pelos quais anseiam. Se a vida toda fosse assim, ela não teria sentido. Quanto menos sentido tem a vida de uma pessoa, ou seja, quanto menos ela faz para vivenciar os sentimentos que gostaria de vivenciar, mais tentará obter bons sentimentos dos outros e por meio dos outros. Ela vai querer "ter" algo. Carregar essa necessidade como aquilo que o magnetismo irradia não é a precondição ideal para atrair um casamento ou um namoro satisfatório.

A força da própria fonte

Independentemente daquilo que você procura na outra pessoa, você já o carrega dentro de si, pois o que você procura em primeiro lugar? Sentimentos! O sentimento de acolhimento, o sentimento de ser amado, o sentimento de riqueza, o sentimento de liberdade, o sentimento de ser parte de uma família, o sentimento de ter sucesso...

Ninguém pode lhe dar um sentimento. Pode apenas despertá-lo em você. O sentimento é seu e você o produz sozinho. O ser humano próximo a você é seu presente, que o ajuda a produzi-lo. Saber essa diferença é uma chave. Você será livre quando reconhecer que seus sentimentos são sempre seus, que não há nenhum sentimento que lhe foi dado por alguém ou que possa ser tirado de você por alguém. Você dará menos poder aos outros e lhes tirará o fardo da responsabilidade pelo seu próprio bem-estar. Nesse momento, a chance de repreender o outro, algo que apenas contribui para situações difíceis, é menor.

Ninguém pode lhe dar amor, porque o amor já está dentro de você. Você sabe disso. Observe um animal, uma planta ou um elemento da natureza que o toca. Você sente o amor dentro de si? Veja uma criança feliz em uma foto. Você sente? Você não recebe nada, mas, mesmo assim, sente. É o mesmo amor que você sente quando uma pessoa querida está realmente próxima de você.

Se você tem um problema com uma pessoa, não é possível mudar o problema dela. Mas você pode mudar o seu problema. E com isso talvez o problema dela também desapareça.

O difícil caminho de quem procura o amor

Quando as pessoas procuram por determinados sentimentos, mas não chegam a vivenciá-los, ou se estão vivendo há muito tempo sem amor, às vezes elas começam a desenvolver comportamentos que são vistos pelos outros como estranhos ou confusos. No final, tudo é um chamado por amor.

"Eu sou bem-sucedido, trabalho muito, sou bonito, sou inteligente, tenho um bom emprego, tenho casa, tenho isso e aquilo..." Quanto mais alguém quer mostrar isso aos outros, mais alto está gritando: "Por favor, gostem de mim. Por favor, me amem".

Outros não têm sucesso nesse caminho e tentam se fazer de vítimas: "Sou solitário, sou doente, sou pobre, sou fraco, não estou passando bem. Por favor, prestem atenção em mim. Por favor, me amem!".

Querer receber bons sentimentos dos outros dessa maneira é algo extenuante para todos os envolvidos. Além disso, aquele que procura o amor só é bem-visto por pouco tempo por aquilo que tem e faz, e não por aquilo que é.

"Não se esqueça de que o melhor relacionamento
é aquele no qual o seu amor mútuo supera
a necessidade de um precisar do outro."

TENZIN GYATSO, monge budista e líder tibetano

O caminho simples das luzes do amor

Não procure pela luz. Ilumine você mesmo e os outros irão ver. Se você conhece o segredo do magnetismo do coração, é muito mais fácil conseguir aquilo que está procurando. Dê isso a si mesmo e, ao mesmo tempo, programe o magnetismo do seu coração com os sentimentos que devem ser atraídos no futuro para a sua vida.

- Se quer que o outro abra o coração... abra o seu. Ele não pode fazer nada que você também não faça. Ele é seu espelho. E mesmo que o outro o abrisse primeiro, você não perceberia se o seu coração não estivesse aberto.
- Se quer melhorar seu relacionamento com alguém, melhore seu relacionamento consigo próprio.
- Se quer sentir mais confiança, confie mais em si mesmo.
- Se quer sentir mais amor, ame-se mais.
- Se está à procura de segurança, dê segurança a si mesmo.
- Se quer ser mais bem tratado, trate-se melhor.

- Se quer viver com riqueza, em primeiro lugar dê fartura a si mesmo. Você não precisa de dinheiro para isso, apenas um direcionamento adequado de sua percepção.
- Se você anseia por novos impulsos, liberdade e aventura, tome a iniciativa. Comece pequeno, o grande vem sozinho.
- Se não quer que as pessoas o enganem, veja se você mesmo não está se enganando em nenhum lugar.
- Se quer ser respeitado, respeite-se.
- Se quer ter mais liberdade de decisão, mas não consegue, decida mesmo assim.

Independentemente daquilo que você procura: seja isso para você mesmo em primeiro lugar. E, se tiver vontade, dê o mesmo aos outros mais tarde. Então isso vai chegar até você, porque vai agir como seu ímã.

A bússola perfeita: "Como quero me sentir?"

Se, na sua opinião, um relacionamento está paralisado – tanto faz em qual fase –, muitas vezes tentar "consertar a outra pessoa" só deixa tudo mais complicado.

Se você quiser utilizar o poder do magnetismo do seu coração, tente o seguinte: direcione seu comportamento segundo o sentimento que quer sentir. Ao perceber uma situação de conflito se aproximar, lembre-se disso e se pergunte: "Quero me sentir assim, como isso que está se formando?". Caso você tenha se decidido de antemão, sua resposta será clara.

Decida-se por um determinado estado de ânimo,
não por um determinado comportamento.

É possível que você encerre uma discussão que está cada vez mais acalorada porque reconhece que ambos estão se envolvendo cada vez mais em sentimentos indesejados. Isso não significa que você está deixando de ver o problema. Significa apenas que não permite que o problema se torne autônomo e que os sentimentos ruins passem a dominar automaticamente a situação. Ao decidir como quer se sentir, você busca forças para além da situação e liberta, tanto a si mesmo quanto ao outro, da espiral.

Além disso, a decisão por um sentimento tem a vantagem de ser quase imune a argumentos contrários. Todos têm o direito de se sentir bem, e a razão tem poucos argumentos para ir contra isso.

A orientação de Cristina

Cristina, que trabalha no departamento de *marketing* de uma indústria automobilística, procurava há muitos anos por algo que ela chamava de sua "orientação". Depois de inúmeras tentativas de relacionamentos extenuantes e que muitas vezes terminaram de maneira dramática, ela se sentia cansada, resignada e confusa. Ainda não descobrira por que seus relacionamentos sempre terminavam pelo desinteresse espontâneo ou rompimento por parte do outro. Apenas depois de uma vivência intensa com Henry, um executivo canadense, o modo de agir de seu magnetismo ficou claro. E ao mesmo tempo ela reconheceu de que maneira havia recebido sinais durante toda a sua vida, sem atentar a eles.

Ela conheceu Henry num congresso internacional. Além da sua aparência atraente, Cristina também gostou da imagem competente e autoconfiante dele nas apresentações. Cristina sempre se sentiu atraída por homens de sucesso e Henry correspondia a essa imagem como quase ninguém fizera antes.

Os dois se aproximaram rapidamente e, depois do congresso, passaram um fim de semana juntos num hotel aconchegante. Cristina ganhava bem, mas mesmo assim Henry fez questão de realizar, às suas custas, cada uma de suas vontades. Ela enxergou isso como um sinal de sua afeição e de como a valorizava, e curtiu os dias em sua companhia.

Quando eles voltaram a se encontrar, depois de duas semanas, em outro evento profissional, passaram outro intenso fim de semana juntos. Por um lado, Cristina sentia-se nas nuvens – esse homem parecia ser a concretização de seus sonhos –, mas havia algo que a deixava desconfiada. Henry dissera que, apesar de toda a afeição que sentia por ela, sua carreira vinha em primeiro lugar. Cristina estava acostumada a esse tipo de afirmação entre os homens de sucesso, e, de alguma maneira, gostava disso.

Por outro lado, ela não estava nada acostumada aos sentimentos que quase a subjugaram certa noite, deitada ao lado de seu amante que dormia: nervosismo intenso e uma tremedeira, insônia, sentimentos fortes de abandono e solidão – tudo isso mesmo deitada ao lado de Henry, que parecia dormir tranquilo como um bebê. A vontade de Cristina de se levantar imediatamente e fugir dali tornou-se tão forte que ela saiu da cama e ficou durante horas no sofá da sala. Como Henry não tinha feito ou dito nada que pudesse desencadear esses sentimentos, Cristina não tocou no assunto. Afinal, como ela o explicaria?

Cerca de duas semanas depois dessa noite, Henry sumiu sem dar explicações. O relacionamento tinha terminado. Cristina se recriminava e sua cabeça funcionava dia e noite à procura de motivos e desejando entender o que acontecera.

Ela foi conversar com um bom amigo que já tinha passado por uma situação semelhante e que tinha achado uma solução para si. Ele sugeriu que ela voltasse um pouco ao passado. Cristina lembrou-se novamente de quando estava deitada ao lado de Henry, pensando em fugir. Dessa vez ela não reprimiu seu impulso, mas levantou-se em pensamento, arrumou as coisas e foi para casa. Ela refletiu sobre isso durante muito tempo e descobriu que teria sido "certo" agir assim. Sempre voltava a imaginar que agia assim e percebia dentro de si qual seria a sua sensação. Essa percepção, juntamente com os sentimentos suscitados em sua imaginação, ajudaram a diminuir a dor pelo fim do relacionamento. Cristina voltou a pensar de maneira clara e a buscar os motivos que levaram o seu magnetismo a – novamente – atrair a situação de um relacionamento rompido de maneira espontânea.

Ela reconheceu que, por valorizar de maneira extrema o próprio sucesso profissional, seu magnetismo não poderia fazer nada diferente do que atrair homens que também valorizavam isso. Essa valorização era tão alta que, se não tivesse seu trabalho, Cristina não saberia mais qual o sentido de sua vida. Os homens que ela atraía estavam exatamente no mesmo curso.

Cristina ficou ainda mais surpresa quando reconheceu que sentimentos negativos especialmente intensos relacionados a outra pessoa são uma "orientação". Eles não significam que o outro é negativo ou ruim. Eles apenas indicam que há algo tão essencialmente diferente nos magnetismos dos corações de duas pessoas que isso não produz uma sensação "boa". A orientação que Cristina havia procurado durante tanto tempo tinha se manifestado de maneira bastante clara nessa noite.

Muitas pessoas passam por situações como a de Cristina. Por essa razão, vale a pena observar o que acontece.

Você se aproxima de um companheiro em potencial. Tudo parece muito excitante e estimulante. Talvez o relacionamento logo se torne íntimo. As coisas ainda são apaixonantes, intensas e cheias de vida. É maravilhoso sentir isso, e certamente não é um problema. A situação se torna problemática quando reprimimos os outros sentimentos que começam a se manifestar cada vez com mais clareza. Eles têm um motivo para se manifestar. O motivo pode estar em nós mesmos – por exemplo, por que carregamos uma história mal resolvida e o relacionamento a ativa e a faz emergir. Ou "algo" fundamentalmente não combina, como no caso de Cristina.

Preste atenção se um "drama" está sendo criado. Se algo passa uma sensação que não é verdadeiramente boa – ou até uma sensação ruim –, fique alerta! Seu sentimento é sua orientação! Ele sabe mais que sua razão.

O motivo provável pelo qual você tem sentimentos parecidos com os de Cristina quando está próximo, mesmo que apenas fisicamente, de alguém é que seus dois ímãs do coração (os campos de energia) não combinam. Eles estão em um permanente "campo de interferência" e é exatamente isso que sentimos. Esses sentimentos conduzem a pensamentos que não são agradáveis e a reflexões intensas sobre o motivo disso – algo que você dificilmente descobrirá de maneira convencional. Como você não descobre a solução, esses pensamentos continuam gerando outros sentimentos negativos.

Quanto mais claramente você souber quais estados de ânimo quer sentir, mais claramente (e com maior segurança) vai conseguir reconhecer o que combina ou não com você.

"Uma gota de amor é mais do que um oceano de razão."

BLAISE PASCAL, matemático, físico,
escritor e filósofo francês

Sentimento e razão

Uma mulher disse ao companheiro, depois de uma série de discussões inúteis: "Sabe, escolhi ficar com você porque você fazia com que eu me sentisse bem. E agora você faz com que eu me sinta mal. Não sei o motivo, o que mudou ou como podemos solucionar a situação. Sei somente que quero me sentir bem e que não estamos conseguindo. E isso me deixa triste".

O que ela disse mudou o clima instantaneamente. Seu companheiro reconheceu que seu vício em vencer as discussões por meio de argumentos logo o tornaria um perdedor, pois estava prestes a destruir irremediavelmente algo valioso, em vez de consertá-lo.

Quando a razão lógica e o sentimento ilógico estão em conflito, a razão em geral sai vencedora. E muitas vezes ela se alegra, sem saber que todo triunfo é um passo para uma perda maior. Pois em algum momento o sentimento nunca escutado e nunca sentido o deixará. Então tem-se a sensação de que algo morreu.

Desatrelar... Um simples exercício de sentimentos para maior liberdade

Você está em uma situação em que se atrelou ao mundo de sentimentos de outra pessoa ou está envolvido nele involuntariamente? Ou sabe de uma pessoa que gostaria de conhecer melhor, de forma livre e descompromissada internamente, para ver o que pode nascer daí, quando o drama tiver sumido? Se você simpatiza com experiências, é possível que goste do seguinte jogo dos neurônios-espelhos, que pode modificar imediatamente o efeito de seu magnetismo e a relação com a outra pessoa. Reserve alguns minutos tranquilos e faça o seguinte:

1. Feche os olhos. Simplesmente sinta que você está sentado e respirando. Imagine a outra pessoa. Imagine que tudo aquilo que liga vocês dois é substituído por um tipo de caminho de luz. Esse é o canal. Você o enxerga? Imagine então que você está com uma tesoura invisível gigante; corte mentalmente o caminho. Às vezes, você precisa cortar mais vezes. Sinta novamente agora: seu sentimento se modificou de alguma forma? Se a resposta for negativa, continue.
2. Agora talvez você perceba que uma parte do caminho de luz cortado ainda está ligada a você. Pode ser também que haja um tipo de nuvem ou uma cola de luz no ponto de contato (talvez no seu coração ou na barriga). Elimine esses restos simplesmente dizendo em voz alta: "Quero que aquilo que estou observando volte para ..... (nome)". Diga exatamente isso. Em seguida, não faça nada, apenas observe. Então

volte a prestar atenção no que acontece e no que você está se sentindo.

Se quiser melhorar um relacionamento, é possível fazer esse exercício com qualquer pessoa, inclusive com parentes ou com seu parceiro. Você não vai se separar da pessoa. Também não acabará com o amor. Você apenas afastará antigas histórias e sentimentos negativos inúteis, criando novos espaços para um amor verdadeiro e o encontro leve no aqui e agora.

A própria fonte – motivo & sentido

Motivo

- Todo sentimento com o qual você se presentear irradia para o exterior e atrai pessoas que combinam com esse sentimento.
- Muitas vezes os sentimentos surgem de maneira descontrolada, mas nunca por acaso. O desencadeador às vezes pode estar fora de você, mas a fonte está sempre no seu interior. Se você tiver descoberto o mecanismo desencadeador, é possível orientar seu magnetismo.

Sentido

- O sentido de conhecer e usar a própria fonte é saber mais sobre si mesmo e perceber cada vez mais a própria força.
- Ao reconhecer a própria fonte, você se tornará mais livre dos sentimentos das outras pessoas para, a partir daí, amá-las cada vez mais, independentemente de como são e do que fazem.

Conhecimento vivenciado em relação ao quarto segredo

- Observe seus sentimentos quando outra pessoa não se comporta da maneira como você quer. Qual é a sensação de estar atrelado emocionalmente a outra pessoa?
- Observe como o relacionamento se altera depois de ter realizado os exercícios de desprendimento. Você não precisa mudar em nada o seu comportamento. Apenas observe.
- Sinta o que acontece com você ao imaginar que pode dar a si mesmo aquilo que sempre esperou dos outros até agora. Você se sente melhor ou pior?

- Lembre-se disso e observe as reações de outras pessoas quando você se sente bem. E quando você se sente mal.

Como redirecionar seu magnetismo

- Descubra quais são seus verdadeiros anseios. Se você tiver uma história recorrente de desejos – um "sonho" –, descubra quais são os sentimentos que querem ser vivenciados nesse momento. Seu sonho significa o quê? O que está por trás da história? Enquanto você não vivenciar esses sentimentos, essa deficiência vai marcar seu magnetismo.
- Descubra de quais outras maneiras você consegue alcançar esses sentimentos, e faça tudo que puder para alcançá-los.
- Caso espere determinados sentimentos de outra pessoa, dê a si mesmo esses sentimentos.

Dessa maneira, você trocará seu magnetismo de "carência" para "disponível" e ele finalmente poderá atrair aquilo que você anseia.

O quinto segredo

"A cada vez que você detectar um símbolo em seu magnetismo, terá em mãos uma chave mágica para mudanças."

O poder dos símbolos

Acreditar em um determinado símbolo ou rito comportamental pode ser um tipo poderoso de "programas" que agem automaticamente. Tal crença pode ajudá-lo a alcançar aquilo que você anseia, ou também bloquear totalmente seu desejo.

Enquanto você acreditar em um símbolo, ele vai sempre aparecer na sua vida ou nos seus relacionamentos, pois ele atrai pessoas que o percebem em seu magnetismo e se sentem inconscientemente atraídas. Nos casos em que o símbolo representa uma lembrança ruim, ele gera apenas vivências semelhantes para você.

Nossa razão está sempre à procura de certeza e segurança. Como ela busca a simplicidade, vai utilizar objetos ou ações que evidentemente representam alguma coisa, como um "marcador de lugar". Em algum momento, ela deixa de reconhecer que se trata apenas de objetos ou comportamentos individuais que não necessariamente têm relação com o aqui e agora. Enquanto seu magnetismo carregar símbolos fortes que geram sentimentos "involuntariamente", você sente sua reação antiga e automática ao símbolo, em vez de sua percepção aberta sobre o que está acontecendo de verdade no momento.

Símbolos como linguagem

Como símbolos e rituais são uma espécie de linguagem, para um bom relacionamento interpessoal é indispensável que seja falada a mesma língua. Se você associa uma sensação a um objeto ou a uma ação e encontra alguém que não sabe disso e que não tem essa relação, você está criando a base para um problema.

- Símbolos carregados positivamente fazem com que uma pessoa suscite sentimentos agradáveis em você assim que ela usar o símbolo da maneira correta. Quando o outro expressa seus sentimentos verdadeiros, está perfeito. Mas quando ele usa o símbolo para alcançar um objetivo que não reflete seus verdadeiros sentimentos, surge a base para complicações, mal-entendidos e dramas.
- Símbolos carregados negativamente geram em você sentimentos e emoções desagradáveis. Mesmo se a outra pessoa não souber disso e considerar o símbolo neutro ou até quiser expressar sentimentos

amorosos por meio dele, sua reação será de rejeição. Nesse caso, seu símbolo pode sufocar a semente de uma nova e possivelmente bela situação.

Um objeto ou uma ação representam algo. Foi assim que você vivenciou isso. Todos podem perceber. Mas será que é verdade? Sempre?

Símbolos difundidos e seus efeitos

Ações simbólicas

"Quando amamos, fazemos isso ou aquilo. E quem ama não faz aquilo outro de jeito nenhum." Tais expectativas não expressas por seu magnetismo são percebidas pelo outro como uma pressão ("projeção", veja p. 67) da qual ele quer escapar inconscientemente. Dessa maneira, você muitas vezes gera o efeito inverso ao pretendido.

Afirmações simbólicas

Há pessoas que asseguram coisas muito cedo ou com muita frequência. Quanto mais alguém afirma algo espontaneamente, mais ele pode estar tentando acreditar nisso.

Às vezes, porque esse algo não existe. Quando alguém se expressa sobre determinado tema sem ter sido solicitado a fazê-lo, em geral isso mostra que ele mesmo ainda não o resolveu internamente.

Signos do zodíaco

Como você viu na história de "Robert e os peixes" (p. 38), a crença exagerada na força dos signos também pode agir como um magnetismo. Isso ou aquilo não combina ou combina excepcionalmente bem com determinada pessoa. Realmente há entre as pessoas, tendencialmente, tipos básicos que se relacionam mais ou menos bem. Mas também há outras influências que são importantes. Por fim, trata-se sempre da pessoa em si, e não dos símbolos ligados a ela.

Objetos simbólicos

Quais roupas a pessoa usa? Como ela se organiza? Qual sua profissão? Qual seu carro? Que marcas usa? Tais símbolos podem revelar algumas coisas. Mas as pessoas mudam constantemente e mantêm, sem refletir a respeito, os antigos símbolos. Se você julgar alguém por isso, pode ser que esteja julgando o seu passado. Nesse caso, estará enxergando alguém diferente daquele que está à sua frente. É preferível confiar no seu coração.

Pensamentos simbólicos

Há inúmeras ideias erradas sobre amor, que programam os magnetismos do coração com uma força repelente. Alguns exemplos:

- É preciso lutar pelo amor. É preciso convencer o outro disso.
- O amor exige o emprego intenso de símbolos de afeição.
- O tempo é exíguo. Se não nos apressarmos a conseguir uma declaração do outro, vamos perdê-lo.
- Convencer o outro exige truques criativos. Apenas o mais inteligente consegue o amor.
- Outros admiradores estão em todos os lugares e precisam ser reprimidos.
- Se a situação fica difícil, é porque ele (ou ela) não está enxergando a verdade.
- Todos os bons já estão comprometidos. Se ele (ou ela) está livre, então é porque há algum problema.

- Amor é reafirmado constantemente. Se não, não é amor de verdade.
- Amor, dor, excitação e drama estão juntos. Chamamos isso de borboletas. Se não existem, então não é amor. Na realidade, a sensação de "borboletas na barriga" é a mesma sensação do medo (da perda), que induz à questão: "Sou amado de verdade?".

Filmes e livros – um gênero de arte cria símbolos sobre o amor

Quase todas as comédias e os dramas de amor baseiam-se em um roteiro básico muito semelhante. Homem encontra mulher. Um dos dois está livre e tem vontade de se relacionar, o outro não. O espectador sabe que ambos combinariam perfeitamente, porque têm muitas coisas em comum. Mas um dos dois ainda está ligado a uma terceira pessoa ou à ideia de liberdade, que impede de estar junto. Esse conflito gera sentimentos intensos de todos os tipos. Principalmente entre o público, que programa seu magnetismo nesse momento – se não reconhecer que se trata apenas de uma história ficcional.

O parceiro livre tem de tirar aquele que não está livre do caminho "errado" e convencê-lo de que ele/ela é a pessoa certa. As situações são muito dramáticas e o medo da perda é apresentado em diversos níveis e agudizado a um nível quase insuportável.

Por fim, o parceiro que ainda não estava convencido percebe o seu erro e alcança seu admirador, prestes a partir, sem esperanças, no último segundo, a fim de se declarar a ele (ela).

Essas histórias são maravilhosas, divertidas, cheias de sentimento, profundas, românticas, engraçadas... Ao mesmo tempo, elas geram ideias simbólicas sobre o amor que podem se tornar um drama na vida prática de quem as vivencia.

O assim chamado amor romântico é uma invenção da Idade Média e tem sua origem no campo religioso. Trata-se da veneração do eternamente inatingível, do divino, transferido para a pessoa desejada. Na época do Romantismo, o desespero amoroso foi elevado entre os círculos mais cultos a uma forma de arte na literatura e na conversação. O/A amado/a tornou-se um deus, uma deusa, um príncipe ou uma princesa e a "doce dor" do amor, da união adiada ou impedida, foi tão intensamente saboreada como se fosse uma poção mágica.

O melhor a fazer é testar, pessoalmente, se o que todas as pessoas – ou muitas delas – afirmam, pensam ou fazem em relação a um tema importante para você é realmente uma verdade incontestável.

Como descobrir e enfraquecer símbolos ocultos

Uma vivência de seu passado é simbólica para você. Você não quer vivenciá-la de novo de maneira nenhuma, mas, mesmo assim, continua a atraí-la. Um caminho para acabar com as repetições é o seguinte:

1. *Observe o que acontece.*
2. *Descubra o símbolo da história*
3. *Descubra o padrão que o símbolo representa*
4. *Descubra a fonte do símbolo e a perdoe, assim como a si mesmo*
5. *Remodele a história*

A história de Kathy mostra como esse caminho pode modificar o magnetismo do amor de maneira simples e fundamental...

Como Kathy finalmente perdeu o jornal

Kathy é uma mulher delicada, de 37 anos. Ela gosta de pintar, faz pequenas esculturas, canta, dança e expressa seus sentimentos de maneiras variadas. Nos últimos oito anos, ela teve três relacionamentos longos. Todos terminaram com separações dolorosas para Kathy, porque seus parceiros abertamente não a valorizavam e ela se sentia usada. Ela estava prestes a se desesperar em seu íntimo e se sentia inadequada e culpada, pois não conseguia descobrir o que sempre dava errado. Kathy começou a procurar pelo padrão de seu magnetismo:

1. ***Observe o que acontece***. Alguma coisa na minha vida não está certa. Eu não quero algo. O que será?

A resposta de Kathy: "Eu não quero passar de maneira nenhuma pelas seguintes coisas concretas: não quero que o homem com quem me relaciono leia o jornal durante o café da manhã. Não quero que ele ligue a televisão logo que chegar em casa. Que ele se isole o tempo todo para praticar *hobbies* inúteis. Todos os três parceiros anteriores faziam isso com gosto e isso me magoou profundamente.

2. *Descubra o símbolo*. Qual é o símbolo e quais sentimentos ele representa? Que "filme" interno eu criei? Por que exatamente não quero isso?

"Eu preparo um café da manhã maravilhoso para tomarmos juntos e o homem que deveria me amar e me valorizar se esconde atrás do jornal, em vez de notar meu esforço e de me dar atenção. Alguém que age assim não me valoriza e não me ama. Eu cuido da casa e ele assiste televisão ou está metido nos seus *hobbies*, em vez de se dedicar a mim, quando está em casa. Ler jornal e assistir televisão são símbolos claros de desprezo."

3. *Descubra o padrão*. Em quais trechos do filme da vida surgiram ações simbólicas semelhantes? Com o primeiro ou com o último parceiro? Na casa de seus pais? O que esses trechos de filme têm em comum? Quando os protagonistas se comportam de maneira igual? Essas semelhanças são o "padrão".

"Quando olho para trás, a maioria dos meus parceiros não me respeitou. E eles me mostraram isso claramente. Esse é o padrão que as histórias têm em comum."

4. ***Descubra a fonte e a perdoe***. Quando esse padrão apareceu pela primeira vez? Quando esse trecho de filme (a lembrança) pode ter surgido? Muitas vezes, é na infância ou num relacionamento significativo.

"Meu pai agia assim com minha mãe. Ela se sacrificava e ele simplesmente fazia as coisas dele, sem valorizá-la. Ele se escondia atrás do seu jornal, como se o papel fosse um muro. E eu observava tudo, como criança. Era simplesmente ruim. Naquela época, eu já havia decidido que nunca leria jornal na presença de outras pessoas. Ainda hoje não gosto de jornais. Tampouco quero ter um companheiro que se comporte de um jeito parecido. Infelizmente, pessoas desse tipo vivem entrando na minha vida."

Quando Kathy descobriu que seu pai era a base de seu filme, ela soube por que seu magnetismo atraía pessoas que se comportavam exatamente como seu pai nesse aspecto. Ela pôde se perdoar, porque sabia que não tinha feito nada errado, em momento algum. Ela pôde perdoar o pai, porque reconheceu que, na época, ele não sabia agir de outro modo, e nem podia fazê-lo. Se soubesse e pudesse, teria agido diferente.

5. ***Remodele a história***. Como poderia ser uma cena de filme, na qual uma pessoa amada e amável faz exatamente o que uma pessoa não amável fez no passado?

Kathy imaginou a seguinte história:

"No momento estou solteira, mas imagino que ele já está ao meu lado. Eu vejo a mesa do café da manhã na minha sala. É uma manhã de domingo. A noite anterior foi maravilhosa, com todo o amor e aconchego que eu sempre desejei. Percebo o quanto ele me ama – simplesmente sei disso. Vou para a cozinha e preparo o café da manhã para nós dois, enquanto o escuto cantarolando debaixo do chuveiro. Amo escutar isso. Tenho a ideia de buscar pãezinhos frescos na padaria em frente. No caminho, passo por uma banca de revistas e fico parada. Sei que ele gosta de ler jornal. Como meu pai, no passado. Compro um jornal e no caminho de volta pego algumas flores do meu jardim. Volto antes de ele sair do banheiro. Ele não percebe que estive fora. Decoro a mesa com as flores, abro os pãezinhos frescos e coloco o jornal ao lado do seu prato.

Ao chegar, ele fica parado, admirando a mesa do café da manhã. Eu vejo como está feliz. Ele me abraça e nós nos sentamos. Ele descobre o jornal, olha para mim, comenta como sou atenciosa, mas diz que não pode ler o jornal enquanto estou sentada à mesa. Sinto o quanto ele me ama e sinto como está feliz pelo jornal. Eu o encorajo e peço o caderno de turismo. Nós tomamos o café, sentimos o cheiro do café, dos pãezinhos e das flores frescas e lemos em voz alta coisas interessantes das partes do jornal que temos em mãos. Amo isso que está acontecendo na minha mesa."

Outra possibilidade para enfraquecer em seu magnetismo uma ação simbólica perturbadora é fazer exatamente aquilo que você não gosta no outro. Mas apenas se não causar problemas a ninguém, claro. Observe o que você sente nessa hora. Provavelmente, depois, o símbolo se tornará mais fraco ou até se dissolverá, porque você terá percebido que se trata de uma simples ação.

Como se separar de objetos simbólicos

- Sente-se confortavelmente e observe o objeto com muita atenção, como nunca fez antes. Veja e sinta o material e como ele foi trabalhado. Brinque com sua função, caso tenha uma. Perceba a estrutura e seu peso. Note o objeto com todos os sentidos, da melhor maneira possível. Cheire, sinta com o tato, pese, sinta com o paladar. Depois de pouco tempo, ele será apenas um objeto sem significado.

- Procure exemplos nos quais um objeto parecido entra em cena e não signifique nada ou exatamente o oposto.
- Na média, é possível que o símbolo esteja correto, mas você poderia estar 100% seguro de que isso vale também exatamente no seu caso? Pergunte-se isso e perceba o que acontece em seu íntimo quando você souber a resposta.

Erik e o alfinete do amor

Erik, um funcionário administrativo de 53 anos, não tinha um relacionamento desde a separação da mulher que ele amava acima de tudo, há sete anos. Todas as manhãs, ele vestia a gravata e a prendia com um alfinete dourado, presente da mulher pelo primeiro aniversário de casamento. Sempre quando prendia o alfinete, ele se lembrava do amor que sentira na época e que até hoje vivia dentro dele. Mas quando erguia o olhar, enxergava a sua realidade e sentia o vazio na sua vida. Essa dor era tão forte que não conseguia iniciar nenhum novo relacionamento. Certo dia, Erik abriu-se com um amigo. O amigo pediu-lhe que observasse o alfinete e o descrevesse da maneira mais detalhada possível. A cor, a forma, o peso, a textura... Nesse momento, Erik reconheceu três coisas:

– O alfinete era apenas um pedaço de metal e não o amor de sua mulher.

– Não era sinal de amor manter velhos símbolos ou lembranças "por consideração", principalmente quando causavam dor.

– Não era errado continuar a sentir amor pela ex-mulher e, ao mesmo tempo, conhecer outras mulheres e abrir--se para elas. Isso não era enganar nem trair seus próprios sentimentos de amor. Ao contrário: tornar-se livre para alegria e contentamento na vida era um sinal de amor por si mesmo.

Depois que reconheceu isso, Erik pôde descartar sem dor o símbolo de sua solidão.

Nas semanas seguintes, ele começou a vender e a dar muitos objetos da antiga casa. Quanto mais agia assim, mais livre se sentia. Erik passou a sentir euforia ao se separar de objetos antigos e mais novos de seu passado em comum com a ex-mulher. Por fim, ele se mudou para outro apartamento, com uma decoração totalmente nova. Seis meses depois, ele reaprendeu, depois de muito tempo, a conhecer e a amar uma mulher.

Magoar a si mesmo não é um sinal de amor.
Sinal de amor é fazer tudo para não sentir dor.

Amar em vez de lutar: reescreva sua história!

Para programas de sentimentos negativos que são ativados por símbolos, há um caminho fantástico que reprograma seu próprio magnetismo imediatamente: associe a ação ou o objeto do passado ao amor, em vez de associá-lo a uma experiência negativa.

Imagine a situação passada na qual o símbolo foi usado de uma maneira que o machucou. Você conhece esse sentimento. E agora se pergunte: "Apenas na teoria e só por brincadeira, como tudo poderia ser diferente?".

Crie um novo filme interno, com uma pessoa de quem você goste muito e que o ame também. Essa pessoa não precisa ser real. Simplesmente imagine o companheiro perfeito e seu amor em relação a ele. Quando notar esse sentimento dentro de si, imagine que essa pessoa – que gosta de você mais do que tudo no mundo – usa o mesmo símbolo, por prazer e não porque sabe da sua experiência passada. Ele age assim porque isso lhe faz bem. Não tem qualquer relação com você. Continue sentindo seu amor por essa pessoa e observe o que ela faz. E agora perceba o que o símbolo antigo suscita em você. É alegria? É amor?

No momento em que sentir isso, você terá libertado o magnetismo do seu coração da força do antigo símbolo. Você não vai mais atrair essa situação no futuro. E caso note que alguém está fazendo algo parecido, você vai simplesmente observar, sabendo lá no seu íntimo que isso não tem mais nenhuma relação com você.

Símbolos – motivo & sentido

Motivo

- Objetos e comportamentos aos quais você deu um significado simbólico ajudam-no a tomar decisões rápidas em situações semelhantes. Às vezes, rápidas demais.
- Você associou sentimentos intensos a cada objeto simbólico e a cada comportamento simbólico. Esses sentimentos são parte de seu magnetismo e atraem pessoas que estão buscando exatamente esses sentimentos.

Sentido

- O sentido de cada símbolo criado inconscientemente é, no fim das contas, aboli-lo e libertar-se dele. Apenas quando você enxerga um objeto ou uma lembrança exatamente como são – como um objeto ou uma lembrança do passado – é que pode se decidir aqui e agora, seguindo seu verdadeiro sentimento.

- Você pode criar conscientemente novos símbolos para si próprio e associá-los a sentimentos que quer ter em seu magnetismo. Os símbolos tornam-se uma ajuda para você se lembrar daquilo que quer sentir.

"Só se vê bem com o coração. O essencial é invisível aos olhos."

ANTOINE DE SAINT-EXUPÉRY, escritor e aviador francês (citação de *O pequeno príncipe*)

Conhecimento vivenciado em relação ao quinto segredo

- Procure por objetos simbólicos ao seu redor. O que eles despertam em você? Se são sentimentos desagradáveis como dor, perda ou lembranças melancólicas, programe o seu magnetismo da seguinte maneira: afaste-se desses objetos provisoriamente e volte a observar seu sentimento. Ele mudou em relação à liberdade? Nesse momento você deve tomar decisões.
- Há coisas que suscitam sentimentos positivos em você sem estarem associadas a sentimentos desagradáveis de seu passado? Imagens, figuras, roupas,

cheiros, sons... Preencha seu magnetismo com sentimentos que combinem com a ideia que você faz da sua vida no futuro.

- Observe as pessoas nas quais você nota uma postura rígida em relação a determinados temas. Em que momento elas defendem essa posição, embora o contrário também possa ser verdadeiro? O que elas estão tentando evitar? Qual o efeito dessas pessoas sobre você?

Como redirecionar seu magnetismo

- Faça uma faxina na sua vida. Desfaça-se de objetos que lhe trazem sentimentos desagradáveis. E, se possível, separe-se objetos que lhe trazem tanto sentimentos bons quanto desagradáveis. Caso você fique com receio devido ao valor material desses objetos e não queira se desfazer deles, lembre-se de que os sentimentos em relação a eles determinam seu magnetismo e sua vida.
- Se você rejeita fortemente determinados comportamentos ou características em outras pessoas, isso tem a ver com você, senão seus sentimentos não seriam ativados. O que é isso e por que acontece?

Será que aquilo que os outros fazem realmente tem significado para sua felicidade? Você quer permitir que as características de outras pessoas suscitem sentimentos em você e passem, dessa maneira, a programar seu ímã? Ou será que você quer ser livre? Tome decisões.

- Qual comportamento de seu pai, sua mãe ou de um ex-parceiro você rejeitava especialmente? Em que sentido você nunca quer "ser assim" ou "nunca mais vivenciar isso"? Por quê? O que você acha que isso significa, o que simboliza? E será que isso vale para sempre e para todas as pessoas? A probabilidade de que essa atração seja contínua, exatamente por isso, é grande.

O sexto segredo

"As pessoas próximas a você raramente se comportam como você espera, mas com frequência se comportam como você teme."

A profecia que se autorrealiza

Você está interligado. Todos estamos interligados uns aos outros, isso é parte de nossa maneira de ser. É uma lei da natureza. Uma pessoa com quem você tem contato percebe o que você sente ou pensa. Quanto menos ela estiver consciente desse fato, mais claramente ela reagirá de maneira automática. Você já vivenciou várias vezes que essa "lei da ressonância" funciona inclusive independentemente da distância: você pensa em uma pessoa e quase no mesmo instante ela liga para você. A ciência está começando a redescobrir e a explicar esse conhecimento antiquíssimo por meio do tema "neurônios-espelho". Resumindo, estamos comprovando que componentes das células de nosso corpo se comunicam com as células dos corpos de outras pessoas como emissor e receptor.

Se aquilo que você fala ou faz não está exatamente de acordo com aquilo que pensa e sente, as outras pessoas vão interpretar isso como divergente e confuso. As consequências são mal-estar e rejeição. Se seu pensamento, seus sentimentos e suas ações estão exatamente de acordo, você é percebido pelos outros como autêntico, íntegro e "verdadeiro". As consequências são confiança e proximidade.

Aquilo que você diz ou como você quer ser é apenas um pequeno desencadeador de seu magnetismo. Aquilo que você realmente pensa e sente tem um efeito muito mais forte.

Esse é o motivo pelo qual ninguém pode fazer mau uso do segredo do magnetismo do coração. Esse magnetismo é completamente autêntico. Ele irradia os seus sentimentos. Quando você pensa em algo e sente o contrário dentro de si, vai acabar acontecendo aquilo que você sente. Você pode desejar direcionar algo para essa ou aquela direção, mas, se sentir diferente, é esse sentimento que vai determinar o caminho. No curto prazo, pode ser que alguém reaja àquilo que você diz. No longo prazo, essa pessoa vai perceber aquilo que você está sentindo e isso age como um programa sobre o subconsciente dela. Ela provavelmente não vai reconhecer que são as suas histórias e os seus sentimentos que agem sobre ela. Por isso, cedo ou tarde, vai seguir a programação que você irradiou como se fosse a sua própria.

O medo de mentiras de Judith

Judith tinha 32 anos quando se apaixonou por Harald, oito anos mais velho. Nos seus relacionamentos anteriores, ela havia tido uma série de experiências com homens que apresentavam semelhanças muito evidentes. Uma das características era a de que, em algum momento, os homens começavam a mentir para Judith. Os motivos e os assuntos eram diferentes, mas, cedo ou tarde, as inverdades e deslealdades surgiam com tanta probabilidade como estrelas numa noite sem nuvens. Por esse motivo, Judith valorizava extremamente a autenticidade – em si mesma e nos outros. Ela tinha desenvolvido uma espécie de sétimo sentido para mentiras. Basicamente, ela era sensível, madura interiormente e tolerante. Só não suportava ouvir mentiras, pois as considerava um símbolo de desprezo pessoal, falta de amor e de maturidade.

Desde o começo do relacionamento, Harald e Judith foram muito francos um com o outro. Eles falaram de suas experiências, vivências, desejos, esperanças e medos.

Harald logo ficou sabendo o que machucava Judith e resolveu nunca mentir para ela. Ele também conhecia o segredo da profecia que se autorrealiza e sabia que agora estava à mercê do programa de sentimentos de Judith. Certa noite, quando estava sozinho na cama, sentindo todo seu amor por ela, ele decidiu que queria ser o homem que acabaria com todas as experiências ruins de Judith em relação ao desprezo e deslealdades. Ele decidiu ser a cura dela para esses males.

Harald sempre procurava ser completamente franco com ela em relação aos seus pensamentos e sentimentos.

Certo dia, ele chegou tarde em casa e ela perguntou onde estivera. Ele contou que tinha ficado conversando com conhecidos num café. Judith mediu-o com o olhar e disse: "Ah. Com conhecidos, então".

Ele assentiu com a cabeça e citou os nomes de seus conhecidos – duas mulheres e um homem – e falou sobre o que tinham conversado. Ela olhou-o com uma desconfiança que ele até então nunca tinha sentido de sua parte. E enquanto contava o que acontecera, uma parte dele passou a refletir sobre o que poderia estar deixando Judith desconfiada naquele momento. Será que ela achava – por suas experiências passadas – que ele tinha flertado com as outras mulheres e estava pensando em deixá-la? Realmente as duas mulheres da mesa eram atraentes e Harald flertou um pouco. Será que deveria contar isso para Judith e confirmar a desconfiança dela? Embora ele a amasse acima de tudo e nem sonhasse em deixá-la?

Não, ele não iria derramar óleo no fogo. Afinal, tinha decidido não ser como os homens que a machucaram. Enquanto Harald falava, percebeu como estava inseguro, e quanto mais isso acontecia, mais Judith desconfiava dele.

"As mulheres eram bonitas?", ela perguntou.

Ele balançou a cabeça espontaneamente em negativa e percebeu como a situação tinha saído do seu controle. Embora totalmente consciente do programa de Judith, ele não era capaz de se manter honesto diante dela. Ele reconheceu isso de imediato e pensou em confessar que tinha acabado de mentir. Mas então comprovaria que Judith tinha razão ao achar que sempre seria vítima de mentiras. Harald percebeu que estava em uma armadilha, e não havia saída. Ele tinha se tornado uma parte dos temores dela.

A partir desse momento, ele começou a se sentir bem pior no relacionamento do que antes. E observou um fenômeno curioso em si mesmo: depois de a mentira ter acontecido, seu desejo de se manter totalmente aberto tinha diminuído consideravelmente. Ele sempre tinha de afastar o pensamento que lhe dizia que Judith estava quase fazendo questão de ouvir uma mentira. Harald sentia-se mal e, ao mesmo tempo, tinha uma espécie de raiva de Judith por ela o colocar diante de uma tarefa tão difícil. O relacionamento tinha sofrido um baque considerável e terminou depois de alguns meses.

Como o campo de seu magnetismo age sobre os outros

Imagine que você pudesse escutar os sentimentos de outra pessoa como se fossem uma melodia. Haverá trechos que você achará bonitos e serão tão agradáveis, que vai querer ouvi-los constantemente. Outros trechos não vão despertar nenhum sentimento especial. Outros, por sua vez, não serão nem percebidos por você. E outros tantos farão com que se sinta mal.

Enquanto as boas melodias são a maioria, você consegue suportar um ou outro trecho desagradável. Mas o que você vai fazer se uma melodia que você considera desagradável passa a ser tocada muito alto e muitas vezes?

Primeiro você vai tentar ignorá-la. Talvez também tente gostar dela, pois você gosta da outra pessoa. Pode ser que pense que para amar é preciso uma dose de sacrifício.

Mesmo assim, a melodia desagradável continua no seu ouvido e não só isso... ela está cada vez mais alta. O que você vai fazer?

Talvez você tente convencer a outra pessoa a trocar de música. Ou vai tapar os ouvidos conscientemente. Finalmente, você talvez peça, sem rodeios, que o outro só toque essa música quando você não estiver presente.

E se nada disso adiantar? Talvez você fique irado e tente, com todos os meios, evitar que o outro toque essa música. E se mesmo assim não der certo, você vai embora.

Seu parceiro ou uma pessoa próxima muito provavelmente vai se comportar da maneira que você tanto teme. A questão não é "se", mas "quando".

A ligação que, na verdade, não é secreta

Se você tem uma relação muito próxima ou íntima com alguém, então não há segredos reais. Você pode tentar não divulgar algumas informações, mas não é possível impedir que o outro perceba os sentimentos do magnetismo do seu coração. Se você acha que é melhor para o seu relacionamento não dizer algumas coisas, isso pode ser verdade. Mas também pode ser que o outro perceba claramente como uma incongruência a diferença entre aquilo que você diz e aquilo que você pensa e sente. E eventualmente ele pode se afastar de você por isso – e você, dele.

Revelar seu maior segredo a outra pessoa pode ser uma das maiores provas de confiança e trazer grandes mudanças num relacionamento. Muitas vezes é preciso coragem para tanto, pois a primeira coisa a fazer é olhar para o próprio segredo e não se condenar por causa dele. Mas algo é certo: mesmo que pareça arriscada, a coragem nos relacionamentos é sempre recompensada.

Cada caso é diferente e – claro – você é quem decide. O segmento do coração apenas o ajuda a entender o que acontece entre as pessoas e qual a consequência de sua decisão de fazer ou deixar de fazer algo.

Olhe para dentro de si mesmo. E ajude seu companheiro ou uma pessoa querida a olhar para dentro de si. A dor é grande – por isso, seja cuidadoso e gentil consigo próprio e com o outro.

A força invisível

Quanto menos as pessoas conhecem a lei do magnetismo dos sentimentos e da reação que ele provoca, mais automaticamente elas reagem aos sentimentos dos outros. Mas o que acontece quando os dois conhecem esse segredo? Será que o problema das profecias autorrealizadoras está solucionado? Ou será que apenas um único parceiro informado pode compensar a profecia do outro na medida em que não reage a ela propositadamente?

O que observamos em um problema interpessoal é o comportamento. O seu e o do outro. Por isso, é possível que você queira resolver o problema com um novo comportamento, por exemplo, ao tentar reagir de uma maneira muito específica – ou não reagir de propósito.

O comportamento, porém, é apenas a superfície da questão, semelhante à ponta de um iceberg. Ele indica o caminho que aponta para a fonte da profecia – em você mesmo ou no outro. Essa fonte é composta por pensamentos e sentimentos que suprem o magnetismo, e somente aqui a profecia pode ser resolvida.

Solução de profecias autorrealizadoras

É importante compreender que o magnetismo de uma profecia autorrealizadora tem realmente uma força imensa. Opor-se a ela enquanto a fonte continua a irradiar ininterruptamente consome muita energia, é desagradável e cansa muito. Muitas pessoas têm medo de descobrir a causa em si mesmas e por essa razão decidem continuar sua própria profecia também no futuro – o que não é bom nem ruim. Só é bom saber que isso também é uma decisão.

Aquilo que o outro acha de você tem uma força enorme enquanto você quiser provar algo diferente. E perde toda a sua força no momento em que você reconhecer que a ideia do outro não tem nenhuma relação com você.

Quando você é o emissor da profecia

Perceba o que teme e modifique sua convicção. Seu parceiro não pode fazer sempre por você aquilo que você mesmo não faz. Aquilo que você imagina só acontecerá enquanto você acreditar que é verdade. Se quiser modificar uma história interior para finalmente se ver livre da própria profecia, há duas possibilidades:

1. A força da imaginação

Substitua antigas lembranças e sentimentos por novas lembranças e sentimentos, assim como na história de Kathy e os jornais no quinto segredo. Faça isso várias vezes, até perceber que seus sentimentos negativos em relação ao tema se dissiparam.

2. A força da verdade

Verifique se aquilo que você pensa e em que acredita é realmente verdade. Aquilo que você vivenciou até agora sempre está correto? Será que vai ser sempre assim, no futuro e em qualquer caso? Cem por cento de certeza, sem qualquer dúvida? Ou você consegue imaginar situações nas quais tudo é diferente? O que aconteceria se aquilo que você imagina não for verdade? Como você se sentiria, teoricamente? Experimente esses novos sentimentos algumas vezes; de preferência, todas as noites durante uma semana antes de adormecer. Isso vai modificar seu magnetismo.

Quando você é o receptor da profecia

Sua primeira tarefa é libertar-se internamente do tema. Ao prestar atenção no que está sentindo internamente, você reconhecerá que, também nesse caso, o outro é seu espelho. Você encontrará em algum lugar profundo o mesmo medo que percebe no outro. Exatamente aqui você pode fazer algo efetivo para o seu relacionamento. E mais uma vez vai perceber que tudo pode mudar se você mudar. Se você quiser e o outro aceitar de bom grado, vocês poderão olhar juntos para o que está acontecendo no momento.

Você não tem qualquer chance caso queira reagir racionalmente. Pare de querer "não reagir". Pare de querer evitar isso ou provar alguma coisa. Não tente fazer "direito" ou "certo", ou ajudar. Isso tudo é apenas o começo da confusão, da qual você não conseguirá sair mais – e só vai reforçar o programa do outro.

Os programas nos magnetismos da outra pessoa são constituídos por convicções profundas, medos ou mágoas. Eles são tão fortes e foram tão exercitados durante toda a vida que reagem perfeitamente bem a qualquer tentativa de confronto de sua parte. Enquanto você estiver "na jogada", todos os lances possíveis no tabuleiro da profecia estão – inconscientemente – predeterminados. Exceto se você deixar o campo dos argumentos e contra-argumentos, da ação e reação e passar a sentir o amor por si mesmo. Confrontar o campo magnético de uma profecia autorrealizadora é, para você, o caminho para a autoestima e para aceitar o outro como ele é. Sem querer mudá-lo ou até "curá-lo". Exatamente isso, ou seja, seu amor, altruísta, é a cura para ambos.

"O acaso é o pseudônimo que o bom Deus escolhe quando quer ficar incógnito."

ALBERT SCHWEIZER, teólogo e pastor protestante, organista, pesquisador de música, filósofo e médico

As maiores forças do seu magnetismo

Depois do amor, o medo é a maior força no universo dos sentimentos. Caso você suspeite que seu magnetismo seja um pequeno sabotador, muito provavelmente isso é uma forma de medo.

Todos nós, seres humanos, temos medos, mesmo – ou até principalmente – aqueles que afirmam o contrário. O medo faz parte dos nossos sentimentos, assim como a alegria ou o amor. A diferença não está em "se" ou "se não", mas no grau de consciência e na forma de lidar com ele. Muitas pessoas se retraem apenas à menção do medo, mas ele é uma oportunidade muito útil para continuarmos a nos desenvolver.

Na vida prática, ele é um mecanismo sensorial importante para nos proteger de perigos físicos. Nos relacionamentos, ele é um perfeito indicador que mostra onde há uma programação no nosso magnetismo funcionando sem supervisão. Nesse caso, o medo é como um dedo que aponta exatamente para o local que origina os acontecimentos indesejados na vida. Para que possamos mudar isso.

Laura e os homens sumidos

Ao procurar por semelhanças em seus relacionamentos, Laura, executiva de uma empresa de comunicações, fez uma descoberta surpreendente: praticamente todos os homens de sua vida, independentemente de o relacionamento ter durado semanas ou anos, tinham ido embora espontaneamente, sem um motivo aparente e sem explicações. Eles simplesmente "desapareceram". Esse comportamento era tão marcante que Laura achou que estivesse tomada por uma maldição. Ela consultou em vão especialistas nesses temas e estava prestes a abandonar as esperanças de ter um relacionamento feliz e duradouro. Para evitar novas repetições, ela tinha até se acostumado a contar sobre esse "tema" a possíveis novos parceiros.

A reação era sempre a mesma: todos ficavam espantados e afirmavam que nunca fariam algo assim. Em algum momento, porém, sempre acontecia: abandono, sem aviso e explicação.

Depois de todas as tentativas de acabar com essa "maldição" terem dado errado, Laura caiu em um estado de espírito extremamente desesperançoso em relação à sua sorte nos relacionamentos. Ela conhecia a força da atração, mas não fazia ideia de como o magnetismo do seu coração desencadeava esses comportamentos nos seus parceiros.

Ela ficou tateando no escuro até o dia em que conversou com uma amiga sobre sua infância e descobriu o começo do magnetismo. Laura era uma dos sete filhos de uma família sem muitas posses. Por falta de dinheiro, e por não conseguir dar conta de tanto trabalho, sua mãe entregou Laura, aos dez meses, aos cuidados de parentes durante um ano e meio. Embora Laura não conseguisse se lembrar disso de maneira consciente, de repente tudo pareceu se encaixar.

O "tema" era: "uma pessoa muito amada (mãe) me abandona espontaneamente (me entrega), sem dar um motivo".

Foi exatamente esse comportamento que todos os seus namorados tinham seguido até então.

Não importa que Laura fosse muito novinha naquela época – esse acontecimento deve ter desencadeado sentimentos intensos que estavam guardados no subconsciente. Para o efeito do magnetismo do coração, tanto faz se os acontecimentos e os sentimentos a ele relacionados são conscientes ou não. O medo oculto de que esse drama precoce pudesse se repetir era o "programa" no magnetismo de Laura. Ele levava os homens que se expunham a seus efeitos durante mais tempo a repetirem, cedo ou tarde, exatamente a mesma história.

Quando compreendeu o motivo, Laura sentiu-se aliviada de uma grande carga, porque reconheceu que não havia cometido nenhum "erro" e não era "inadequada", nem como ser humano, tampouco como companheira. Agora ela podia se dedicar a curar a antiga ferida e redirecionar seu magnetismo.

A primeira coisa que ela fez foi perdoar-se, pois reconheceu que não tinha feito nada errado, em momento algum. Depois perdoou a mãe, pois compreendeu como os tempos eram difíceis no passado e que ela só queria o melhor para sua filha. E, de repente, ela conseguiu perdoar todos os homens de seu passado que a tinham deixado, supostamente sem motivo e sem explicação, porque agora ela sabia o motivo.

Nosso maior medo

"Nosso maior medo não é de sermos inadequados.

Nosso maior medo é de sermos poderosos demais.

É nossa luz, não nossa escuridão, o que mais nos assusta.

Nós nos perguntamos: quem sou eu, para ser tão brilhante?

Mas quem é você, para não o ser? Você é um filho de Deus.

Você não serve ao mundo quando se diminui.

Não há nada de inspirador em diminuir-se apenas para que os outros ao seu redor não se sintam inseguros.

Nascemos para manifestar a glória de Deus que está dentro de nós.

Ela não está em apenas alguns de nós, mas em todos nós.

E quando deixamos nossa luz brilhar, damos aos outros, inconscientemente,

a permissão para que façam o mesmo.

Quando nos libertamos de nossos próprios medos,

nossa presença liberta automaticamente os outros."

NELSON MANDELA, primeiro presidente negro da
África do Sul, vencedor do Prêmio Nobel da Paz,
em seu discurso de posse em 1994, citado
conforme Marianne Williamson

Profecias autorrealizadoras – motivo & sentido

Motivo

- Tudo aquilo que você vivenciou e acredita saber sobre o amor, os relacionamentos, sobre si mesmo e sobre os outros gera sentimentos e programa seu magnetismo.
- Esses sentimentos funcionam como seu magnetismo sobre as pessoas ao seu redor e determinam – de maneira inconsciente, mas muito eficaz – as reações e os pensamentos delas em relação a você.

Sentido

- O sentido das profecias autorrealizadoras e dos pensamentos sobre os outros consiste em que você reconheça a imensa força e a influência que exerce sobre o decorrer de sua vida e seus relacionamentos. Quanto mais você reconhecer seu magnetismo como maravilhosa ferramenta, mais poderá modelar, com consciência e vigor, seu presente e seu futuro.
- O sentido mais profundo consiste em que você reconheça quem era no passado e quem é agora. Descobrir suas antigas profecias e eliminá-las o torna mais

livre para sentir a beleza e a intensidade de novas pessoas, experiências e aventuras.

Conhecimento vivenciado em relação ao sexto segredo

- Qual é a postura básica que você observa nas pessoas com quem tem contato: confiança ou desconfiança em relação aos outros e à vida? Como você se sente quando está à mercê desses magnetismos? É assim que os outros se sentem quando expostos ao seu magnetismo.
- Lembre-se de relacionamentos com pessoas que aplicaram as suas experiências ruins ou pré-julgamentos em você. Você conseguiu escapar dessa força? Mesmo que amasse muito a pessoa: você conseguiu aguentar a desconfiança durante um longo tempo? O relacionamento era feliz e leve?
- Como você se sente quando conversa com amigos ou conhecidos sobre outra pessoa? Como é ressaltar os aspectos positivos dessa pessoa? Como se sente ao condená-la ou julgá-la? A outra pessoa reagirá a essa pressão.

Como redirecionar seu magnetismo

- Que comportamento de outras pessoas ou de seu parceiro você mais teme? Acredita que isso de fato acontecerá ou que, mais dia, menos dia, pode vir a acontecer? Isso é uma certeza ou apenas imaginação? Você quer mesmo "transferir" isso para o seu magnetismo "por meio do pensamento"?
- Você tem preconceitos claros em relação a determinadas pessoas ou grupos? Por que rejeitar essas pessoas é importante para a sua vida? Ao fazer isso, você está programando uma atração evidente em seu magnetismo, e terá de ficar afastando essas pessoas de si o tempo todo. Perceba uma coisa: o que os outros pensam, fazem ou são importa de verdade para a sua vida ou o importante mesmo é aquilo que você mesmo pensa, faz ou é? Decida-se sobre esse ponto, pois a clareza disso determina o seu magnetismo.
- O que você acha de seu próprio comportamento? Você é "difícil" em algum ponto? Você tem alguma "mágoa" profunda em qualquer área da vida? Você alerta os outros a respeito disso e tenta se proteger? Pois agindo dessa maneira você atrai exatamente aquilo de que está tentando se proteger. Será que

sua atitude de se proteger trouxe de fato o estado de ânimo pelo qual você ansiava? Como seria se você se enxergasse apenas como alguém com características e vivências, encerrando assim as reflexões?

O sétimo segredo

"A maior de todas as forças no seu magnetismo é o amor pela própria vida."

Amor-próprio

O amor é a força mais poderosa de seu magnetismo. O amor é o catalisador turbo para tudo aquilo que você quer conquistar.

Quase todo mundo acha que sabe o que é o amor, mas quase ninguém sabe descrevê-lo. Tente você mesmo: o que é o amor? Suponha que você tenha de explicar a alguém que não tem qualquer noção do que seja. Percebe como é impossível? Você pode descrever uma cadeira ou uma xícara, mas não o amor. Você pode falar sobre a essência do amor, pode procurar comparações ou dar algumas dicas por meio de histórias, assim como fizeram gerações de artistas e escritores. Ou pode viver e sentir o que é o não amor.

E assim você estaria exatamente a caminho de compreender o amor e, ao mesmo tempo, liberá-lo dentro de si. Por meio de vivências durante nossa vida, descartamos – como as camadas de uma cebola – todas as convicções que sejam não amor.

Dizem que, perguntado sobre como conseguia fazer uma escultura de leão tão perfeita e que parecia tão real a partir de um bloco de mármore, o escultor Michelangelo respondeu: "Eu simplesmente tiro tudo aquilo que não se parece com um leão".

O mesmo acontece com a descoberta do amor. Ele existe, você não precisa procurar por ele. Não há nada que você possa fazer para alcançar ou achar o amor. Sua única tarefa é continuar afastando tudo aquilo que não é amor. O resto simplesmente acontece.

Pergunte ao melhor de todos os especialistas – pergunte ao amor

Se você está em dúvida sobre como decidir e agir... Se quer transformar sentimentos e pensamentos desagradáveis...

Pergunte-se: O QUE O AMOR FARIA?

- Quando alguém – não importa se você gosta da pessoa ou não – se comporta constantemente de uma maneira que não lhe faz bem, pergunte-se...

  O que o amor faria? Ele gostaria que você fizesse isso consigo mesmo? E ele gostaria que você permitisse que o outro fizesse isso consigo? O amor permitiria que você desse oportunidade, a si mesmo e ao outro, de gerar tantos sentimentos ruins?

- Quando você se sacrifica por alguém, achando que isso é normal quando amamos, pergunte-se...

  O amor faria isso? Ele gostaria que você fizesse isso consigo mesmo? Ele gostaria que você fosse partidário de uma ideia de amor na qual o carinho está ligado ao seu próprio sofrimento?

- Quando ficar pensando o tempo todo se fez a coisa certa, pergunte-se...

  O que o amor faria? Ele gostaria que você ficasse o tempo todo pensando nessas coisas sem sentido e se machucando? Ou será que gostaria que você reconhecesse que agiu da melhor maneira possível naquela época, que aprendeu algo com isso e agora está livre para novas situações em sua vida?

Quanto mais você deixar de lado as coisas que não são amorosas com você, mais encontrará e vivenciará aquilo que procura.

- Quando você se questiona se é melhor agir de maneira razoável e lógica ou fazer coisas sem pensar muito, espontaneamente, simplesmente porque é divertido, pergunte-se...

  O que o amor faria?

- Quando você realiza diariamente um mesmo trabalho que lhe traz sentimentos ruins e o deixa, a longo prazo, triste e sem forças, pergunte-se...

  O que o amor faria? Ele gostaria que você tivesse esse trabalho? No final de sua vida, como você explicaria isso ao amor?

- Quando você pensa com frequência que a vida é difícil e que você tem pouca sorte, se comparado aos outros, pergunte-se...

  O que o amor faria? Ele gostaria que pensasse isso de si mesmo e do presente que é sua vida?

O corpo de Gabriela

Gabriela é uma mulher maravilhosa de quarenta e poucos anos. Quando entra em algum lugar, ela desperta nos presentes um sentimento de alegria, carinho e acolhimento. Seu rosto, seu magnetismo e seu jeito compreensivo e suave ao lidar com as pessoas encantam todos que a conhecem mais de perto. É quase impossível imaginar alguém brigando com essa mulher. Mesmo assim, Gabriela foi maltratada fisicamente por seus dois últimos namorados. Como é possível que alguém que carrega um magnetismo tão intenso de cuidado, carinho e aceitação atraia companheiros assim?

Depois que Gabriela entendeu o efeito do ímã do coração, ela decidiu ir fundo na questão. Imaginou haver apenas um motivo para esses homens se sentirem atraídos: eles reconheciam nela uma vítima. Gabriela continuou pensando sobre esse tema – o que em seu magnetismo gerava o sentimento de ser uma vítima – e logo chegou a uma conclusão. Ela se sentia vítima de seu corpo.

O corpo de Gabriela era um pouco mais cheinho do que a média, e todos que a conheciam consideravam-no proporcional e bonito, pois seu porte combinava perfeitamente com seu jeito protetor. A maneira como ela se vestia e se maquiava reforçava seu magnetismo mágico.

Muito ao contrário do efeito de seu corpo sobre seus conhecidos e amigos, Gabriela não gostava da própria aparência. Ela rejeitava seu corpo por ser gordo demais e, ao mesmo tempo, sentia-se impotente quando o assunto era perder peso. Ela considerava seu corpo uma carga e uma penalidade que a impediam de atrair homens "bons". Achava que com um corpo assim era natural atrair homens que, no fim das contas, a rejeitavam tanto quanto ela mesma.

E era assim que a história sempre se repetia. Gabriela se penalizava pelo seu corpo e apareciam homens que faziam o mesmo. Quando os efeitos de sua autorrejeição se tornaram claros, ela tomou uma decisão firme, bem do fundo do coração: nunca mais nenhum homem iria bater nela ou tratá-la mal. Ela percebeu que era totalmente maluco rejeitar a si mesma e esperar que um homem fosse substituir sua falta de amor-próprio.

Quando Gabriela reconheceu que sua rejeição tinha um efeito exatamente contrário daquilo que realmente queria, ela começou a olhar para o seu corpo da maneira como seus amigos e conhecidos diziam, há tempos, que ele era: o corpo maravilhoso que irradiava seu amor pelas pessoas. Gabriela começou a sentir amor por si mesma. A partir desse momento, ela passou a atrair homens que reconheciam sua beleza e a amavam exatamente como era. E, surpreendentemente, começou a emagrecer – aos poucos, mas de maneira constante –, sem ter de se esforçar. Sua necessidade de comer muito tinha simplesmente desaparecido.

Por que o amor-próprio é tão importante – um exemplo

Vamos supor que uma pessoa sempre teve tendência a ser vítima durante sua vida. Os pais, os companheiros, a vida em geral raramente foram muito bons para ela. Essa pessoa não tem culpa, mas essas observações e experiências fizeram com que surgisse nela o sentimento de impotência. Esse cinema interior de sentimentos atrai pessoas que têm motivos muito pessoais para serem:

1. Agressores...

... porque pressentem a presa fácil. Em geral, os agressores são preguiçosos. Eles trilham o caminho mais fácil, e a vítima mais fácil é seu brinquedo. Cada um que foi vítima um dia e que mostrou sua força – por exemplo, através de uma reprimenda enérgica – sabe que o agressor começa a procurar por uma vítima mais fácil.

2. Outras vítimas...

... porque elas se sentem compreendidas e acolhidas. Todos nós procuramos por amor; quando nos sentimos compreendidos, temos a sensação de proximidade.

3. "Enfermeiras" e consoladores...

... e aqueles que se sentem melhor quando veem como a vítima está passando mal. "Enfermeiras" vivem pelo fato de os outros não se sentirem bem, senão não teriam trabalho. Sim, algumas realmente são bem-intencionadas, mas em outras há o sentimento de superioridade ou até de felicidade: "Quando vejo o que está acontecendo com fulano, fico realmente feliz por ter tão poucos problemas".

Nenhuma das pessoas atraídas pode realmente ajudar uma vítima a sair de seu papel. Mas, a partir do momento em que uma pessoa reconhece a origem de seu poder de atração, ela se torna observadora. E quando souber como enfraquecer essa origem, a vítima se transforma em alguém que decide com determinação. Amar a si mesmo e à própria vida é a chave para essa transformação.

Amor-próprio

Quando comecei a me amar de verdade, pude reconhecer que a dor emocional e o sofrimento são apenas avisos para eu não seguir vivendo contra minha própria verdade.

Hoje sei que isso se chama
SER AUTÊNTICO

Quando comecei a me amar de verdade, entendi o quanto uma pessoa podia ficar constrangida quando eu impunha meus desejos a ela, mesmo sabendo que não era a hora certa e que a pessoa em questão não estava disposta a isso, inclusive quando essa pessoa era eu.

Hoje sei que isso se chama
AUTORRESPEITO

Quando comecei a me amar de verdade, parei de ansiar por outra vida, e pude enxergar que tudo ao meu redor era um incentivo ao meu crescimento.

Hoje sei que isso se chama
MATURIDADE

Quando comecei a me amar de verdade, entendi que sempre estou no lugar certo e na hora certa, e que tudo o que acontece está certo.

A partir daí, pude me tranquilizar.

Hoje sei que isso se chama
AUTORRESPEITO

Quando comecei a me amar de verdade, parei de roubar meu tempo livre e parei de ficar fazendo projetos grandiosos para o futuro. Agora faço apenas aquilo de que gosto e que me traz alegria, aquilo que amo e faz meu coração sorrir, do meu jeito e no meu ritmo.

Hoje sei que isso se chama
HONESTIDADE

Quando comecei a me amar de verdade, libertei-me de tudo o que não era saudável para mim. Libertei-me de comidas, pessoas, coisas, situações e, principalmente, daquilo que me puxava para baixo, para longe de mim mesmo.

No começo eu chamava isso de "egoísmo saudável".

Hoje sei que isso se chama
AMOR-PRÓPRIO

Quando comecei a me amar de verdade, parei de querer ter razão sempre. Assim me enganei menos.

Hoje sei que isso se chama
SER SIMPLES

Quando comecei a me amar de verdade, recusei continuar vivendo no passado e me preocupando com o futuro. Agora vivo apenas neste instante, onde TUDO acontece.

Assim, hoje vivo todos os dias e chamo isso de
COMPLETUDE

Quando comecei a me amar de verdade, reconheci que meu pensamento pode me deixar triste e doente. Quando estimulei as forças do meu coração, a razão encontrou um parceiro importante.

Hoje chamo essa ligação de
SABEDORIA DO CORAÇÃO

Não precisamos mais temer conflitos, discussões e problemas conosco e com os outros, pois até as estrelas chocam-se umas com as outras, às vezes, e novos mundos surgem.

Hoje sei que
ISTO É A VIDA

CHARLES CHAPLIN, diretor, ator, comediante
e compositor em seu aniversário de 70 anos,
em 16 de abril de 1959

A armadilha na tentativa do amor-próprio

O encorajamento "ame a si mesmo!" é uma verdade maravilhosa. Se funcionar para você, mantenha essa frase no seu coração e sinta seu efeito que traz satisfação.

Mas se não for esse o caso, pode ser que você tenha caído na "armadilha do amor-próprio": apesar de tentarmos muito, esse sentimento sempre nos foge, às vezes durante tanto tempo que chegamos até a duvidar dele. Parece que quanto mais queremos alcançá-lo, mais difícil fica. O amor-próprio parece ser uma questão para ser discutida durante toda a vida. Apesar de várias receitas sobre como deveríamos fazer mais disso e menos daquilo soarem muito bem, no final sempre resta a sensação de que as coisas não funcionam do jeito como deveriam.

Por que a tentativa de amar a si mesmo muitas vezes não funciona? Porque, a bem da verdade, "ame a si mesmo!" é algo impossível. É uma armadilha.

- "Ame a si mesmo!" é um encorajamento para fazer algo. Mas não se pode fazer nada pelo amor. É impossível amar a si mesmo se isso não acontece naturalmente. Seria como se alguém lhe dissesse: "Ame aquela pessoa lá adiante". Não é possível apenas porque queremos.
- "Ame a si mesmo!" é uma orientação para a razão. Mas a razão não pode amar, muito menos a si própria. O amor é um estado interno, para além do pensamento, assim como a paz. Se quisermos classificá-lo como um estado físico, o amor seria mais facilmente sentido na região do coração.
- "Ame a si mesmo!" quer dizer que não estamos bem no momento, supostamente porque não nos amamos o suficiente. Mas quando não nos sentimos bem, isso bloqueia exatamente o sentimento de amor.
- Se "Ame a si mesmo!" não dá certo, o efeito é contrário. Sentimentos de inadequação, autorrejeição, dúvidas se tornam ainda maiores. "Eu simplesmente não consigo amar a mim mesmo" é o pensamento que está sempre presente.

Há uma solução: mude! Reserve um tempo e sinta: como seria – só fazendo de conta – se você não tivesse mais de amar a si mesmo? Apenas imagine... Sinta: como seria isso?

"Se eu não tivesse de me amar..." Espere um momento e sinta.

Você está sentindo?

No momento em que você para de querer amar a si mesmo e apenas observa como dá o melhor de si como ser humano, como sente seus sentimentos bons e ruins, suas forças e suas fraquezas, seus sucessos e seus fracassos... Quando você reconhece que exatamente isso significa ser humano... então você sentirá amor pela sua vida e a reconhecerá como um presente. Quanto mais esse tipo de amor – sem ser imposto – determinar a área de seu magnetismo, mais você reconhecerá sua vida como uma sucessão de milagres e presentes.

Quando você parar de acreditar que precisa amar
a si mesmo, estará se dando um grande presente:
você ficará livre para perceber que já está fazendo isso.

O efeito de "Ame sua vida" sobre seu magnetismo

Se até agora você não achou fácil amar "a si mesmo", tente começar com a proposta de amar "sua vida".

- Se você amar sua vida acima de tudo, não fará mais nada que o magoe. Você também não vai deixar que os outros o magoem, independentemente dos motivos. Os outros vão continuar dizendo o que costumam dizer, mas você não vai lutar mais contra isso, pois, sempre que luta, percebe como se perde em um embate que não é o seu. Você escutará o que está sendo dito e verá o que está sendo feito. E perceberá por que as pessoas são assim, pois está compreendendo e sentindo cada vez mais o segredo do magnetismo do coração. Então você dirá a si mesmo o que tem a dizer, e agirá, não numa postura de luta contra alguém ou alguma coisa, mas por amor a si mesmo.
- Você condenará menos, pois perceberá que isso não lhe faz bem. Quanto mais sentir esse tipo de amor dentro de si, menos seu magnetismo vai irradiar aquilo que seria interessante para agressores, lutadores e déspotas. Você oferece menos área de ataque.

- Se você enxergar e amar sua vida como um presente, seu magnetismo irá irradiar isso. Pessoas doentes ou fracas, que até agora dependiam ou que exigiam muito de você, perceberão que você não faz mais nada para se magoar. Como é uma sensação muito agradável passar um tempo em companhia de uma pessoa que não se magoa e ama sua vida acima de tudo, as pessoas ao seu redor vão se lembrar de que podem fazer o mesmo por si mesmas.

Amar é compreender.

Quanto mais você compreender – a si mesmo e aos outros –, mais poderá aceitar sem modificar.

E assim perceberá mais o amor.

- Quem condena a si e aos outros é doente. Quem acha que o mundo é responsável por seus problemas é doente. Quem pretende que você seja diferente do que é também é doente. Essa pessoa se magoa com cada um de seus pensamentos, e nenhum ser humano saudável faz isso de modo voluntário. Se compreender por que as pessoas agem assim – por que no magnetismo delas há forças que as levam a tais reações –, você vai parar de apoiar essa doença e reagirá menos, contribuindo para que ela não se dissemine ainda mais.

"Se quiser ser amado, ame!"

SÊNECA, filósofo, dramaturgo, pesquisador da natureza e estadista romano

Três exercícios simples para mais amor à própria vida

"Quem me tem na sua vida, tem sorte. Por quê?

Quanto mais respostas você tiver encontrado para essa pergunta, mais amor por si mesmo você consegue permitir. Importante: amar não significa "fazer" algo. Trata-se de reconhecer quem e o que você "é" e quão valiosas são cada uma de suas características. Quanto mais você sentir seu próprio valor, mais os outros também sentirão. Descubra suas qualidades favoráveis e comece todas as frases com "Eu sou...".

"É benéfico para mim...?"

Se você não se sente bem, seja qual for o motivo, muitas vezes há um sentimento difuso de ter de fazer algo ou querer mudar algo. Ao mesmo tempo, não nos sentimos bem ao reagirmos "de qualquer maneira" e fazermos "qualquer coisa". Talvez o sentimento que você gostaria de ter fosse o de paz e tranquilidade.

Nas situações difíceis, faça a seguinte pergunta: "É benéfico para mim fazer isso ou aquilo? O que seria benéfico para mim neste momento?".

Verifique todos os pensamentos que aparecem na sua mente ligados a essa questão e perceba o que acontece com você.

Aguarde um milagre e um presente!

O próximo exercício, muito eficiente, programa seu magnetismo para "amar a própria vida".

Antes de dormir, lembre-se do seu dia e pergunte-se: Qual foi o presente deste dia? Qual foi o milagre deste dia? Você sempre encontrará um presente e um milagre, porque você é quem define isso. Não precisa prestar contas a ninguém.

E pela manhã, ao acordar, lembre-se: Quais foram o milagre e o presente de ontem? Se quiser, agradeça.

Comece seu novo dia com esse sentimento de gratidão e de curiosidade em relação ao novo milagre.

Observe como o seu dia, as pessoas e os acontecimentos se transformam depois de realizar esse exercício durante um tempo.

Mais uma coisa: nunca se obrigue a fazer um exercício, isso é perda de tempo. Faça apenas aquilo que lhe provoca curiosidade e alegria. O sentimento de alegria é o indicador de caminho mais importante de nossa vida, nosso conselheiro mais valioso. O que traz alegria está correto. Trata-se sempre de escolher, entre as inúmeras peças do quebra-cabeça que é a vida, aquelas que completam a própria imagem. Trata-se de um jogo. Jogue!

Amar a própria vida é, de início, uma decisão
de arriscar o que pode acontecer a partir daí.
Em seguida, é um milagre.

O que vai mudar quanto mais você amar sua vida

- Muitos conflitos irão desaparecer ou serão resolvidos com mais facilidade, porque você não precisa mais exigir ou negociar o amor, o reconhecimento ou a valorização.
- Você atrairá cada vez mais pessoas que se sentem bem com seu magnetismo.
- Você manterá à distância as pessoas que não conseguem suportar o fato de você ser independente e livre internamente.

- Você irá recriminar menos os outros, porque estará se recriminando menos.
- Você vai irradiar confiança porque confia em si mesmo. As outras pessoas vão mudar seu comportamento em relação a você de maneira positiva.
- Você vai diminuir as ações e reações automáticas que envolvem as pessoas próximas.
- Você pode, mas não precisa, reagir ao outro.
- Você não vai mais desejar ser "amável" ou "bom" para ser querido. E, mesmo assim, fará coisas boas por amor.
- Você estará menos ávido por recompensas e reconhecimento.
- Você não permitirá mais ser usado.
- Você estará claramente menos vulnerável.
- Você pode oferecer de maneira descompromissada.
- Você também pode não fazer nada, sem ficar com a consciência pesada.
- Você pode se permitir sentir-se emocionado, porque sabe que não é obrigado a fazer nada.

- Em muitos casos, as alergias, doenças psicossomáticas e reclamações físicas somem ou diminuem. O que resta gera menos rejeição interna.
- Você fará coisas que o completam, e ainda terá retorno.
- As pessoas que até agora se preocupavam com você terão uma preocupação a menos.
- As pessoas que até agora eram dependentes de você se tornarão livres, porque você acabará com a dependência mútua por meio do amor-próprio. Isso não significa que você deixará o outro. Provavelmente ficará mais próximo dele do que nunca, porque sentirá que não é obrigado a isso. E quando sentir que é hora de partir, parta. Nesse caso, isso também é certo para o outro.
- As pessoas que perderam o amor-próprio talvez o redescubram porque seu magnetismo do amor se transfere para as pessoas ao seu redor (neurônios-espelho). Pela lei da ressonância, o seu amor faz com que o amor do outro venha à tona. E caso alguém ainda não esteja pronto para isso, seu campo de amor-próprio vai gerar uma espécie de manto protetor à sua volta.

E tudo isso sem um plano e sem esforço! O amor por sua própria vida é o maior presente que você pode dar a si mesmo e aos outros. Ou seja, uma porção de bons motivos para se colocar em primeiro lugar. E é preciso apenas uma decisão sua: a de querer vivenciar aquilo que acontece quando você resolve fazer a experiência.

Amor... muitas vezes mal compreendido

- Em que lugar do Universo está escrito que amar é suportar o comportamento do outro ou sofrer por causa dele?
- Sim, amor significa deixar o outro ser como ele é, mas também significa valorizar tanto o presente da própria vida a ponto de não nos desrespeitarmos.
- Em que lugar está escrito que não podemos magoar ninguém pelas decisões que tomamos para nós mesmos?

Se estamos sofrendo com uma situação, movimentar-se e encerrar o sofrimento é um sinal de amor. Torturar-se não é um sinal de amor, e isso também não é recompensado, mesmo que gerações de mães e pais tenham dito o oposto aos seus filhos. Tomar uma decisão a favor de si mesmo e da própria felicidade não é irresponsável.

- Em que lugar está escrito que amar significa assumir a responsabilidade pela felicidade e a satisfação de outra pessoa?

No momento em que você acreditar que é responsável pela felicidade de outra pessoa, você abandona o amor à própria vida. Pode ser que a outra pessoa se sinta feliz ao seu lado, mas há muitas fontes de alegrias e se amanhã você não estivesse mais neste mundo, a vida dela continuaria.

- É verdade que amor significa não ter exigências?

Esse é um dos maiores conflitos em relação à compreensão do que é o amor. Sim, o amor não tem exigências. E ser humano significa ter necessidades, desejos e anseios. Se você amar a pessoa que é, estará permitindo a ela encontrar sua concretização.

Uma pequena digressão:
sem culpa tudo se torna mais fácil.

Existe uma palavra que tem influência muito forte sobre você e seu magnetismo: culpa! Se você se sente "culpado", tanto faz se em relação a si mesmo ou a outros, você se torna vítima. Torna-se dependente de perdão, de conciliação, da opinião de outras pessoas. Seu magnetismo irradia esses sentimentos para fora e atrai pessoas que querem jogar com você o jogo "culpa-vítima".

Alguns professores fizeram uma experiência em uma escola de ensino fundamental. Eles explicaram às crianças que fariam um jogo especial, que tinha como objetivo eliminar da cabeça uma palavra desagradável: "culpa". O experimento foi montado como um jogo e as crianças participaram com alegria. Em seguida, uma mãe afirmou o seguinte: "Quando minha filha Lisa voltou para casa, perguntei, como de costume, o que tinha feito na escola. Ela respondeu: 'Nós tiramos uma palavra desagradável da cabeça'. E eu quis saber qual palavra era essa. Lisa pensou por um instante, olhou sorrindo para mim e disse: 'Esqueci'".

Não há culpa no Universo, apenas causa e consequência. Alguma coisa acontece e isso faz com que outra coisa aconteça. Alguém faz algo, surge um efeito, e outra pessoa reage.

A culpa é um sentimento, não um fato. Ela é uma invenção das pessoas para avaliar ou condenar mais rapidamente, a fim de criar regras para a vida em comunidade e, principalmente, para conquistar poder sobre os outros.

Como todo o resto, essa ideia da "falta de culpa" também pode ser facilmente compreendida da forma errada. Claro que as pessoas fazem coisas que não têm efeitos positivos sobre outras pessoas. Não se trata de esconder isso ou de achar uma justificativa para comportamentos antiéticos ou desrespeitosos. Trata-se apenas de tirar o efeito negativo sobre seu magnetismo de uma palavra que durante anos ficou na sua cabeça com grande peso.

A maneira mais fácil e efetiva de fazer isso é imitar as crianças naquele jogo. Faça como se a palavra culpa não existisse. Troque-a pela palavra "causa". Isso é tudo a ser mudado. É apenas um passo minúsculo em seu pensamento, mas com grandes efeitos na sua vida. Sinta internamente o que está mais leve e livre.

"Meu pai é culpado, porque ele sempre fez..." ou "Meu pai muitas vezes fez isso e, às vezes, aquilo. Eu observava e fiquei convencido de que isso não era bom. Essa convicção foi parar em meu magnetismo hoje como causa e atrai esse tipo de pessoas na minha vida: ..."

Essa história sobre um acontecimento provocado por você vista sob novo ângulo, poderia ser assim, por exemplo:

"Eu fiz ou falei algo cujo efeito não fez bem a uma pessoa. Essa não foi minha intenção. Vou dizer isso à pessoa e talvez eu faça algo para compensar."

Não está em suas mãos se essa pessoa vai aceitar ou não sua compensação e o que ela fará a partir daí. Faça o que achar adequado. Você pode apenas oferecer a compensação, não é de sua competência saber se ela vai aceitar.

Sim, você pode sofrer um pouco. Sim, você vai aprender com o ocorrido. Sim, você pode consertar alguma coisa quando há algo que parece estar errado. Sim, você pode dizer ao outro que sente muito pelo que disse ou fez. Mas então sua parte está concluída. Você está livre. Se o outro quiser se infligir a dor ao continuar condenando você, a decisão é dele – não sua. Não é sua tarefa levar o outro ao perdão. Perdão é uma decisão voluntária e muito pessoal de cada indivíduo.

A culpa é um sentimento, não um fato. Uma vítima pensa na culpa e sente um fardo.Um criador pensa na causa e efeito e sente seu caminho.

- Pensamentos sobre a culpa demandam energia, criam um sentimento de dependência (da benevolência do outro) e oprimem o próprio estado de espírito.
- Pensamentos sobre a causa conduzem a energia à transformação, induzem ao conhecimento e crescimento e criam uma postura positiva em relação a si próprio.

Amor-próprio – motivo & sentido

Motivo

- Um bom motivo para o amor à própria vida é saber que você, assim, está ativando a força mais poderosa para uma vida plena no magnetismo do seu coração.
- A partir da exortação "Ame a si próprio", surge muitas vezes uma pressão que acaba dificultando o amor à própria vida. O motivo é que o amor não é uma atividade, tampouco um objetivo a ser alcançado por uma ação. É impossível que a sua parte pensante ame a si própria, pois a razão não pode amar.

Sentido

- O sentido do amor-próprio ou do "amor pela própria vida" é reconhecer que aquilo que você realmente procura já está dentro de você e ao seu redor. Sentir isso elimina camadas de medos e outros sentimentos e torna o amor a principal força de seu magnetismo.
- Amar a si mesmo e à própria vida não é um objetivo que você tem de alcançar. É um caminho, a partir do qual você pode se aproximar de si mesmo e dos outros.

Conhecimento vivenciado em relação ao sétimo segredo

- Observe sua própria vida. Em quais períodos você foi mais feliz? Houve também momentos nos quais você estava sozinho? Será que outra pessoa é realmente necessária e condição para você poder sentir amor pela própria vida?
- Observe como as pessoas reagem quando você se sente feliz. Esse é o efeito do ímã do seu coração! Perceba, de maneira consciente, como seu mundo

se transforma quando você permite que o amor flua para dentro de você.

- Observe as pessoas que lhe dizem que você deveria se amar mais. Será que essas pessoas amam a si mesmas? Observe as pessoas cujas vidas ainda não estão completas: será que elas ficam pensando sobre o amor-próprio ou falam muito a respeito?
- Observe amigos e conhecidos que têm relacionamentos amorosos: passada a primeira fase da paixão, será que eles realmente vivem de maneira mais feliz e completa do que antes? Será que um relacionamento é garantia para satisfação e felicidade?

Como redirecionar seu magnetismo

- Quais pensamentos e experiências impedem você de sentir amor por si mesmo ou pela sua vida? Não deixe esses pensamentos ficarem na sua cabeça, senão eles agem de maneira involuntária sobre seu magnetismo. Registre-os por escrito. Esses pensamentos sobrevivem pelo fato de não serem vistos nem avaliados. Depois de ter escrito tudo, avalie a exatidão e a veracidade de cada uma das afirmações.

E encontre, para cada uma delas, três exemplos que também provem o contrário.

- Cuide para que sua "conta-corrente" de sentimentos esteja no azul, de preferência em todas as situações. Caso você se sinta "culpado" em relação a alguém, reconheça que há apenas pesos diferentes, mas não culpa. Pense em algo que ache adequado para compensar o fato. Então faça isso. Assim, a situação está resolvida para você. Caso a pessoa tenha morrido ou você não consiga se aproximar dela, faça algo para outra pessoa no lugar. E depois de ter feito isso, sinta como a situação foi encerrada e como você se sente livre internamente.
- Descubra por que você é uma pessoa digna de amor, independentemente daquilo que faz para os outros. Não pense: o que faço? Mas: como sou?

O oitavo segredo

"Seu magnetismo atrai as coisas com mais força quanto mais intensamente você sentir o espaço vazio dentro de si no qual elas devem ficar."

O espaço interior

Seu magnetismo vai atrair pessoas e acontecimentos com mais intensidade quanto mais intensamente você conseguir imaginar seu objetivo. Mas nem todos possuem uma capacidade de imaginação tão criativa; além do mais, isso exige disciplina e – depois que o entusiasmo inicial arrefece – um tanto de perseverança.

O segredo do espaço interior é uma força no mínimo tão forte quanto visualizar um objetivo e o sentimento de estar a caminho. Ao trabalhar com o espaço interior, você não precisa criar ativamente essa força, pois já estará usando a energia de um sentimento existente – o sentimento de que algo falta – e a transformará em uma atração magnética positiva.

Como descobrir o espaço interior dentro de si

Sempre que você sentir que anseia por algo, esse anseio já está diante de seu olho interno. Em vez de imaginar que já conquistou isso – o que não dá realmente certo no longo prazo –, direcione essa ideia exatamente para o lugar dentro de você que está reservado para essa ideia quando ela se realizar. Esse lugar, por assim dizer, é a fonte de seu anseio.

O espaço interior é o lugar dentro de você que está previsto para aquilo que você anseia. Sempre que você se permitir senti-lo, seu magnetismo será ativado para atrair exatamente isso, mais intensamente ainda.

Muitas pessoas não querem se dirigir a essa fonte porque temem sentir por lá incompletude e vazio. Elas pensam: "Um espaço vazio dentro de mim, com um anseio tão grande... que desconsolador, não quero sentir isso".

Na realidade, porém, esse espaço – exatamente com esses sentimentos – é parte de você. Ele existe e age, independente da sua vontade. Você tem apenas duas possibilidades.

Pode continuar imaginando que há esse espaço vazio nada bonito no seu interior e evitar olhar para ele, por exemplo, reprimindo seus desejos. Ou você também pode desviar a atenção a cada vez ou tentar imaginar coisas positivas. Não há nada errado nesse sentido, enquanto você tiver a sensação de trazer seus anseios para sua vida. Caso contrário, você sentirá o espaço vazio como uma carência e continuará atraindo mais carências para esse assunto.

A segunda possibilidade é não encarar a fonte de seu anseio como carência, mas como preparação para aquilo que chegará até você de qualquer maneira e que se encaixa perfeitamente no seu espaço.

O que você vai vivenciar quando encontrar seu espaço interior

Quando você procurar, dentro de si, pela fonte de seu anseio, a imagem desse espaço vai surgir naturalmente. Talvez você não a enxergue como uma fotografia, mas apenas vai senti-la. Está tudo bem, pois isso é sua experiência interior pessoal.

Pode ser que você encontre todo tipo de sentimentos por lá. Os menos agradáveis são o motivo pelo qual seu anseio não foi atraído até agora. Ao mesmo tempo, provavelmente acontecerá algo inesperado: você vai vivenciar que é bom ver aquilo que impedia seus anseios até o momento. Essa é uma das vivências mais belas, porque é a verdade. Você enxerga a verdade dentro de si mesmo. Finalmente vai reconhecer o que o seu ímã programou para impedir a felicidade em sua vida, e isso é tão valioso que você sentirá profunda gratidão. Além disso, todo sentimento percebido e realmente compreendido será supérfluo e perderá o sentido de sua existência. Ele poderá desaparecer. Exatamente nesse momento surge uma grande cura interior.

Também é possível que você encontre principalmente alegria nesse espaço. Um tipo de alegria prévia pelo que acontecerá em sua vida.

Assim você ativa a força de seu espaço interior:

1º passo:

Você quer ter alguma coisa porque sente que algo lhe falta. Essa é uma força básica que já age dentro de você sem seu comando. Enquanto você apenas perceber que algo falta, sentirá carência – e esse sentimento no seu magnetismo faz com que isso continue a lhe faltar. A energia nunca se perde no Universo, nem mesmo a energia de seus anseios. Se nada mais mudar – porque você reprimiu algo ou porque sua ação não teve sucesso –, a força não encontrará um caminho para fora e vai se voltar contra você no seu interior. Como consequência dessa "falta de poder", podem surgir sentimentos como insatisfação, inquietação, tristeza, raiva, resignação, que mais tarde poderão levar a doenças internas e externas. Isso não é um "erro de construção", mas deve nos levar a mudar alguma coisa, a fim de nos aproximarmos do sentido individual de nossa existência.

Se você compreender isso, não ficará mais resignado ou irado quando algo lhe faltar, mas vai sentir que a insatisfação tem o sentido de criar movimento e você vai começar a utilizá-lo.

2º passo:

Imagine que há um espaço dentro de você reservado àquilo que lhe falta. Esse espaço está totalmente vazio e espera. E esse vazio tem uma força de sucção que atrai exatamente aquilo que lhe falta. Esse espaço pode ser como um espaço de verdade, mas também pode ser apenas um sentimento de vazio, escuro, com grande força de atração, semelhante a um vácuo, que suga algo até você. Utilize o que mais combinar com você e com seu jeito de imaginar as coisas.

3º passo:

Sempre que tiver pensamentos e sentimentos sobre o que lhe falta, lembre-se de seu espaço vazio e convide isso que lhe falta para entrar nele. Perceba como o espaço suga, pois seu lugar é exatamente ali.

Você sente alívio dentro de si quando relaciona o pensamento sobre um anseio à ideia de seu espaço interior? Talvez você sinta que a ideia que antes disparava sentimentos de carência agora produz alegria. Sempre que "algo está faltando", você sente que isso é sugado. Você não precisa fazer mais nada para redirecionar o seu magnetismo.

Conny e os homens indisponíveis

Há muitos anos Conny estava procurando, de maneira intensa, por um companheiro adequado. Ao lado das possibilidades usuais, como sair à noite, festas e outros eventos, ela também fazia buscas num portal de relacionamentos na internet. Conny é uma mulher atraente que está perto dos 30 anos, e o fato de não ter encontrado nenhum homem adequado entre tantos encontros era um mistério tanto para ela quanto para seus amigos.

Seu magnetismo sempre atraía homens que lhe garantiam estar apaixonados no primeiro ou no segundo encontro e faziam planos para o futuro. Em muitos casos, Conny aceitava e dava "uma chance ao relacionamento", como ela dizia. E o final era sempre o mesmo, uma grande decepção amorosa, às vezes curta, outras, com duração de semanas ou meses. Os motivos para o fracasso eram diferentes apenas na superfície: os homens eram casados, viviam no exterior ou longe, ocupados com filhos e ex-mulher, tinham marcas de separações de antigos relacionamentos, mergulhados no trabalho ou só estavam à procura de rápidas aventuras.

Conny sofria tanto com isso que até seu trabalho e sua saúde passaram a ser afetados. Independentemente dos conselhos dos amigos e amigas, nada parecia acabar com seu azar nos relacionamentos. Qual era a característica em comum? O que disparava o magnetismo do coração de Conny para atrair tais situações?

Embora os homens fossem muito diferentes, eles tinham algo em comum: nenhum deles estava "disponível". Quando Conny entendeu isso, ela procurou em seu magnetismo por uma convicção ou um sentimento que atraísse "homens não disponíveis". Ela teve sucesso quando, ajudada por uma amiga, conseguiu encarar os próprios sentimentos e confessou que ela mesma não estava disponível. Embora desejasse um relacionamento, semelhante às histórias românticas que tanto gostava de ler, ao mesmo tempo tinha medo de um relacionamento em que os dois estivessem envolvidos e talvez até viessem a morar juntos. Conny temia perder sua liberdade.

Pela primeira vez, ela admitiu que realmente não percebia em si o espaço interior para um relacionamento duradouro. E confessou também gostar da excitação interior de novas aventuras e achar que o medo e a esperança faziam parte dos relacionamentos. Por causa dos livros e filmes que tanto gostava de ler e assistir, estava completamente convencida de que o drama interno dos envolvidos não era apenas normal, mas, sim, parte de uma comprovação de amor pelo outro, e seus relacionamentos até então tinham sido exatamente assim. Ela achava "muito entediante" ter um único homem vida com o qual pudesse manter um relacionamento ardente, confiável, satisfatório fisicamente e, ao mesmo tempo, tranquilo.

Conny parou de sofrer desde o dia em que admitiu isso na conversa com a amiga. Agora, sabia que esse tipo de relacionamento era gerado conscientemente e que tinha a opção de mudar tudo a qualquer momento. Ela não se sentia mais vítima e isso fez com que sua força e sua saúde retornassem. Conny decidiu reduzir a procura por novos homens, e dedicou o tempo ganho às amizades que já tinha. Um desses amigos era um homem que ela considerava, há anos, tedioso. Ela descobriu que ele podia ser não só um amigo e um caso, mas um parceiro valioso, e assim começou o relacionamento mais profundo que já tivera até então.

Seu espaço interior para um companheiro

Imagine que você tem, dentro de si e durante sua vida, um espaço reservado para a pessoa ao seu lado. Imagine-o como um verdadeiro cômodo na casa da sua vida. Companheiros anteriores moraram lá.

Será que ele existe nesse momento?
Ele é constante ou aparece e some?

Entre no cômodo do companheiro e olhe à sua volta: você encontra lembranças dolorosas? Será que alguém ainda mora lá, embora não esteja presente? Há ali um altar com imagens dos que se foram ou há restos de um relacionamento? Você encontra nas paredes avisos com expectativas e normas para moradores futuros? Você está disposto a deixar o próximo morador mudar tudo lá dentro? Ele poderia redecorar tudo à sua maneira?

Você está realmente livre?

Caso não esteja, abra um espaço para si mesmo. Se alguém deve vir até você ou se alguém com quem já se relaciona deve se sentir bem com você, essa pessoa precisa de espaço para "poder estar" ao seu lado e com você. Você deve criar esse espaço ativamente e deixá-lo desimpedido. Só desejar é muito pouco, pois seria como "querer ter" sem dar. Apenas quando você realmente dispuser de um espaço livre na sua vida poderá aparecer um hóspede e sentir-se bem lá. E a pessoa que você tanto deseja é um hóspede que talvez queira ficar durante muito tempo.

Sua decisão é a chave

Você transmite o sentimento de estar "livre" para um companheiro depois de tomar uma decisão: a decisão de modificar sua vida quando chegar uma pessoa que queira dividir a vida dela com a sua. Se você estiver disposto a permitir que aconteça tudo o que vai acontecer no amor recíproco, estará abrindo uma porta para o céu. Se quer "proteger" sua vida ou grande parte dela disso, você estará dando pouco espaço para o novo e tenderá a continuar seu passado também no futuro.

Suas prioridades geram seu tipo de relacionamento

Vamos supor que o relacionamento esteja no quinto lugar no seu *ranking* de prioridades no momento, por exemplo, depois da profissão, *hobby*, esporte e de determinados amigos. A probabilidade é grande de que você atraia companheiros em potencial que estejam em situação parecida: você estará na mesma posição na vida deles.

Durante o relacionamento, você talvez sinta mais do que o imaginado e a outra pessoa acaba assumindo o primeiro ou segundo lugar em sua vida. Claro que, em algum momento, você espera ou exige que a sua própria importância para a vida do companheiro também se modifique. Caso isso não aconteça, você tem um problema.

Você pode evitar essa situação na medida em que souber claramente agora qual é o significado do espaço interior para um relacionamento na sua vida.

O seguinte exercício vai ajudá-lo: escreva de maneira espontânea e sem uma ordem todas as áreas de sua vida e todos os seus desejos que lhe são importantes. Em seguida, faça uma classificação de sua importância. O que está em primeiro, segundo, terceiro lugares? Ou caso você prefira de outra maneira: de que seria mais fácil para você abrir mão em primeiro lugar, em segundo...

Possivelmente você vai se surpreender com o resultado.

Agora que tem consciência do segredo de seu espaço interior, você terá mais facilidade em compreender a situação das pessoas com as quais se relaciona. Você reconhecerá com mais rapidez qual o potencial de cada encontro e onde pode abrir outras comportas.

O espaço interior – motivo & sentido

Motivo

- Tudo o que acontece na sua vida precisa de uma parte do seu tempo e de sua atenção. Precisa de um espaço interior – e de um exterior também.

- O espaço interior é o sentimento de realmente existir um lugar na sua vida para algo que é ansiado. É o sentimento de querer mudar sua vida caso algo novo chegue. Não é um sentimento de carência, mas de plenitude. Você já sente o que virá pela frente e tem um espaço para isso. É um convite para outra pessoa entrar em sua vida.
- Você reconhecerá claramente se quer algo – ou se o outro quer algo – pelo espaço que você (ou a outra pessoa) está disposto a liberar para isso.

Sentido

- O sentido do espaço interior tem relação com o amor-próprio. Enquanto você se prender ao que passou, a ilusões ou a coisas secundárias, algo novo não pode tomar seu lugar de verdade. Abrir mão significa amar a si mesmo, porque você está dando a si e à sua vida a liberdade para que possam vir os presentes que o aguardam.

Conhecimento vivenciado em relação ao oitavo segredo

- Observe: quando as pessoas desejam intensamente algo e não o obtêm por muito tempo – será que elas realmente estão prontas para isso? Será que essas pessoas realmente são flexíveis? Será que elas estariam dispostas a mudar suas vidas por isso? Ou será que, no fundo, elas têm medo de que algo desagradável possa se repetir ou acontecer? Será que elas tentam chamar atenção com seu estado de carência?
- Quando algo desejado está para chegar até você, é preciso deixar partir algo antigo, interior e/ou exterior. Talvez seja a crença de que o melhor já passou? Ou uma ideia de que apenas isso ou aquilo era perfeito? Qual o significado disso em sua vida? Você se ama o suficiente para criar um espaço para um futuro pleno?
- Observe as pessoas cujas vidas são muito positivas e nas quais sempre há novidades. O que elas têm em comum? Como elas reagem a mudanças súbitas, a desvios do plano? Com quanta facilidade elas criam um espaço para que uma nova chance possa se desenvolver? Será que elas se fixam em decisões

e opiniões tomadas no passado ou será que sua opinião sobre "o certo" é flexível?

Como redirecionar seu magnetismo

- Procure obter uma visão geral daquilo que lhe pertence. Não se limite à imagem de um companheiro que se comporta dessa ou daquela maneira. Dê um espaço autêntico ao seu anseio. De preferência, "um modo de vida". Não use pessoas concretas ou personagens com fisionomias definidas nesse filme interno, mas apenas perceba como se sente quando vivencia esse trecho do filme.
- Aquilo pelo que você anseia já é seu, caso seja um autêntico anseio interior. Ele está na linha de sua vida na qual você segue. Crie em sua imaginação um espaço ou um sentimento de vácuo que vai atrair exatamente aquilo que lhe pertence. Você não receberá aquilo que "quer receber". Você receberá aquilo que sente que "pertence a você" ou "que já está reservado para você".
- Sempre que notar que algo está faltando, não sinta a ausência do que falta, mas a presença do espaço interior reservado a isso.

O nono segredo

"Se você quer alcançar alguma coisa, tome decisões e aja de acordo. Agir de maneira decidida multiplica sua força de atração."

Decisão e ação

Há situações nas quais você sabe para onde quer ir, mas ainda não está seguro sobre o que é preciso fazer para alcançar seu objetivo. Muitas vezes, a insegurança nos deixa sem ação.

Quanto mais você usar a força de seu magnetismo e vivenciar seu efeito, mais claramente perceberá que não importa se exatamente essa ação ou aquele caminho levarão ao sucesso. Para seu poder de atração, é decisivo que você passe a agir assim que perceber qual é o seu desejo.

A partir da ação, você se torna perceptível devido àquilo que quer atrair para a sua vida. Você leva seus desejos ao mercado para que os fornecedores possam entrar em contato.

Ao gerar dentro de si um sentimento perceptível de ação direcionada ao seu desejo, você começa a criar realidade.

Faça aquilo que você quer conquistar!

Comece a se comportar como se isso já estivesse reservado a você e comece a vivenciá-lo. O Universo adora perceber como você atua e reage a isso.

"Não basta saber,
é preciso usar.
Não basta querer,
é preciso fazer."

GOETHE, escritor alemão

Mesmo que a força de seu magnetismo aja de maneira autônoma, sua ação mobiliza forças positivas associadas ao tema escolhido:

- Você mostra a si mesmo e aos outros que tomou uma decisão (clareza).
- Você mostra a si mesmo e aos outros que não é vítima na área em questão, mas alguém que estrutura a própria vida (força).
- Você dá credibilidade à própria clareza. Assim, consegue acreditar cada vez mais em si mesmo e na sua força (convicção).
- Por meio de seu agir, você abre portas de forma muito prática pelas quais algo pode alcançá-lo. Às vezes, o objeto de seu desejo não chega por essa porta, mas sim por meio de uma pessoa que pode lhe abrir outra porta (canais).

Inseguro? Aja mesmo assim!

É simples sair de uma situação de insegurança a partir da ação. Muitas vezes já é suficiente dar os primeiros passos – aqueles que você também daria caso houvesse certeza da chegada do novo. Assim você ativa forças em seu magnetismo, com as quais você vai se admirar muito no futuro.

- Se você está à procura de uma nova casa, mas não tem o dinheiro para o aluguel, procure mesmo assim. Leia os anúncios e visite imóveis, e perceba como logo poderá alugar uma casa nova.
- Se você está desejando um companheiro, não fique preso ao desejo e às fantasias, senão em algum momento você vai sentir carência. Faça alguma coisa. Aproveite oportunidades de contato; ao mesmo tempo, esteja sempre consciente de que nenhum de seus esforços precisa ser a porta pela qual o Universo vai concretizar seus desejos.
- Se está querendo trocar de emprego, antes de enviar seu currículo, imagine que consegue transferir para ele, de maneira invisível, todo o seu magnetismo – tudo aquilo que você realmente é. Então imagine

qual o efeito desse magnetismo no destinatário e como ele faz com que você seja percebido exatamente como é.

- Se tem uma entrevista de emprego ou outro compromisso importante, imagine, na noite anterior, que o magnetismo do seu coração está no local onde a conversa vai acontecer, na mesa entre você e seu interlocutor – e está agindo. Você não conhece o local nem o interlocutor, mas isso não importa. Simplesmente imagine. E, no dia seguinte, entre no novo local sabendo que seu magnetismo está lá desde ontem, em ação.

Como ativar a dinâmica do agir

1. Torne-se um "decisor"

Em primeiro lugar, tome uma decisão: você quer realmente estar aberto para o novo? Aquilo que vier está bem? Você quer viver a aventura daquilo que vai acontecer numa área da sua vida – ou na sua vida como um todo –, quando parar de apenas dar continuidade ao seu passado? Ou quando você parar de repetir de alguma maneira a história de seus pais ou de querer ser o oposto deles?

Isso certamente é uma aventura porque você não pode saber o que vai acontecer. Mas pode ter certeza de que será novo, inspirador e cheio de vida.

Se você sentir a resposta espontaneamente – bom. Se você é uma pessoa reflexiva – também é bom. Não tenha pressa. Pense e, principalmente, "sinta". A resposta à questão sobre se você realmente quer se abrir e estar disponível para coisas novas não vem da sua cabeça. Ela vem do seu coração. Ela é fundamental e modifica a sua vida.

Decida-se. Desse modo, você movimenta a sua vida
e seu magnetismo é carregado com seu desejo por mudança.
Se você não decidir, a decisão virá à sua revelia.

Apesar disso, você decide o tempo todo. Mesmo que ache que não está tomando nenhuma decisão em uma determinada ocasião, não é bem assim: você decidiu não fazer nada.

Não tenha medo de decisões "erradas", pois elas não existem. Há apenas decisões e resultados e novas decisões e outros resultados.

2. Liberte-se de cargas passadas

Ao se decidir, você colocou o Universo em movimento por sua ação! Como você já sabe, o passado pode ter um considerável efeito de frenagem sobre seu magnetismo. Por isso, seguem alguns conselhos que se mostraram eficientes para se tornar mais livre do passado. Sinta e experimente o que mais combina com você mesmo.

- Exclua, de verdade, o passado dos relacionamentos. O importante é que você faça isso de forma a gerar amor dentro de si mesmo. Excluir nem sempre significa encerrar todo tipo de contato. Significa que você se atinge um estado interior no qual não há mais dor. Você quer dizer mais alguma coisa que ficou sem ser dita? Faça-o. Escreva uma carta ou um e-mail. Não importa há quanto tempo foi. Não importa se a outra pessoa vai reagir. Faça-o por você, não pelo outro.
- Note o que você sente ao se separar de fotografias que sempre reavivam seu passado. Algumas pessoas arquivam seu passado exatamente para isso – o que não é certo nem errado, mas é preciso prestar atenção em quais sentimentos são ativados. Se o passo lhe parecer grande demais, comece com uma fotografia e note o que sente ao descartá-la.
- Observe seus contatos particulares. Quais relacionamentos ficam estacionados e quais se desenvolvem? Com quem você se reúne para falar principalmente

do passado e a quem você associa um sentimento de ação? Onde surgem novidades? Talvez você queira tentar perceber como seria dividir o tempo de uma maneira um pouco diferente?

- Procure por oportunidades nas quais pode conhecer novas maneiras de encarar a vida. Caso o seu tempo livre seja muito exíguo, perceba como seria se mudasse um pouco as atividades. Talvez menos lazer e distração e mais novos conhecimentos sobre si mesmo e sua vida. Talvez você encontre dessa maneira mais realização e sentido. De qualquer jeito, você pode conhecer pessoas novas.

3. Sinta. E agradeça

Independentemente daquilo que seja seu grande objetivo... olhe para os lados e descubra que isso já está presente "no detalhe". Você pode sentir isso já e direcionar seu magnetismo de maneira adequada. Acrescente àquilo que sente a gratidão pelo que você já tem e seu poder de atração mudará seu efeito na mesma hora.

O tempo tem, sim, seu papel

Descobriu-se que a força de uma ideia – mesmo que ela tenha surgido numa roda de profissionais da criatividade – acaba reduzida a 5% de sua intensidade após doze dias caso não seja seguida de nenhuma ação. Depois de duas semanas, a força praticamente desaparece por completo. Executivos inteligentes sabem disso e transformam imediatamente a força do entusiasmo em ações concretas, a fim de manter a chama acesa.

Você também pode se utilizar desse conhecimento, na medida em que começar a agir imediatamente após uma boa ideia. Um primeiro passo seria anotar aquilo que o anima no momento e imaginar um plano, ainda sem muitos detalhes, sobre o que fazer.

"Aquilo que você me diz, eu esqueço.
Aquilo que você me mostra, eu lembro.
Aquilo que você me deixa fazer, eu compreendo."
CONFÚCIO, fundador do confucionismo

Uma viagem ao mundo virtual – sites de relacionamentos como locais de ação

Muitas pessoas procuram por companheiros adequados pela internet. Esse parece ser um caminho inteligente, pois há uma grande opção e o contato é possível. Ao mesmo tempo, muitos usuários descobrem que, depois de um tempo mais longo, isso não funciona de verdade. Se você aplicar o conhecimento sobre a força do magnetismo do seu coração, compreenderá os motivos e poderá orientar-se de maneira mais eficiente.

Navegação difícil no mar dos que procuram

- A maior parte dos participantes de um site de relacionamento "procura". Mesmo que esse não seja seu sentimento principal, você entra emocionalmente em um grupo de pessoas cujos magnetismo irradiam sentimentos de carência, decepções, dores, confusão emocional e afins. Caso você não disponha de uma capacidade extraordinária no sentido de estabilidade emocional e de limites, seu próprio poder de atração vai reagir a isso. E caso você se proteja conscientemente, não conseguirá sentir de verdade. Um dilema que alguns membros reconheceram e por isso informam de antemão que não procuram um companheiro, mas principalmente querem "conhecer pessoas".

- As assim chamadas "experiências ruins" são um programa especialmente forte no magnetismo. Com essa postura básica, um companheiro em potencial precisa superar enormes obstáculos para atravessar sua barreira de rejeição e desconfiança, pois apenas por trás disso é possível uma proximidade real.
- A procura é feita, de modo geral, pela razão, segundo critérios que a razão pode compreender, como, por exemplo, idade, altura, profissão, signo, nacionalidade. Todos que realmente já vivenciaram amor e intimidade sabem que os critérios para isso não são ditados pela razão.
- A oferta é tão grande que é quase impossível ter uma visão geral do todo. A maior parte dos que estão à procura tem uma imagem ideal na cabeça e quem não corresponde externamente a essa imagem é excluído de uma seleção inicial. Uma foto mal tirada já pode ser um empecilho.
- Muitos participantes realmente não estão à procura de um companheiro nem de um relacionamento amoroso. Eles fazem jogos de comunicação.

- A imagem ideal muitas vezes é influenciada por expectativas exageradas (assim como pelos filmes). Isso dificulta relacionamentos reais.
- Procurar em meio a uma oferta exagerada e não chegar a um bom resultado reforça a sensação de carência. Depois de algumas ou muitas tentativas frustradas, pode surgir um sentimento de inadequação ou de rejeição que depois é transferido ao magnetismo.

Ivone e a correntinha de ouro

Ivone, mãe de dois filhos, divorciada, tinha passado por uma separação especialmente difícil há dois anos. Ela fora casada durante dez anos com um homem bem-sucedido e a família desfrutava de um padrão de vida alto. Ivone queria muito conseguir proporcionar de novo aos filhos e a si mesma um ambiente familiar parecido.

Devido ao seu relacionamento infeliz anterior, Ivone achava importante encontrar um homem que gostasse dela, a respeitasse como um ser humano valioso e que, ao mesmo tempo, fosse de "certo nível", como ela definia.

Depois de longo tempo retraída, ela juntou toda a sua coragem e ousou dar o passo "para fora" novamente. Colocou duas fotos suas num portal de relacionamentos. Ivone é uma mulher muito atraente e quase foi soterrada pelas mensagens que recebeu.

Passados alguns encontros nada satisfatórios, ela decidiu fazer uma correção. Segundo a sua experiência, havia algumas características nos homens que ela achava muito inadequadas. Ela decidiu informar isso em seu anúncio: "Homens com correntinhas e pelos no peito, por favor não escrevam. Sou uma mulher de classe".

Ela se lembrou de um amigo que dirigia um Porsche e do qual gostava muito, e acrescentou: "Se você, por exemplo, dirigisse um Porsche, então já seria mais meu tipo".

Ivone desejava muito uma proximidade física satisfatória, por conta de seu casamento infeliz. Ela considerava isso um símbolo de valorização e de amor. Algo que não tinha recebido nos anos passados. Por isso, mencionou o fato numa frase curta.

Quase todos os homens que responderam ao seu perfil, e que Ivone conheceu, tinham pelos no peito ou usavam correntinhas de ouro no pescoço ou no pulso. Todos, sem exceção, estavam em busca de um caso e não de um relacionamento. Não havia ninguém que tivesse um Porsche entre eles.

Ivone estava totalmente confusa, pois seu perfil atraía exatamente os homens que ela não queria de jeito nenhum. Embora ela tivesse deixado muito claro o que a desagradava.

O motivo ficou claro a partir do segredo do espelho: em primeiro lugar, o magnetismo do seu coração atraía de maneira garantida tudo aquilo que ela rejeitava especialmente. Em segundo lugar, embora ela não quisesse os amigos e conhecidos superficiais dos anos passados, seu desejo de ser parte de uma sociedade de pessoas que exibiam sua riqueza ainda estava muito evidente na irradiação de seu magnetismo.

Sete semanas depois de ter percebido isso, a caminho da escola dos filhos ela conheceu um pai que criava os filhos sozinho e ambos se apaixonaram. Pela primeira vez em doze meses ela sentia que um homem a percebia em sua essência e a amava exatamente por isso.

Utilizar os sites de relacionamento da melhor maneira

Se você quer usar da melhor maneira possível essa ferramenta prática de conhecer pessoas, talvez as seguintes dicas possam ajudá-lo:

- Sua clareza e seus sentimentos compõem seu magnetismo. Sinta o que você quer de verdade. Evite contradições que talvez pessoa nenhuma possa preencher.

- Não escreva o que você exige. Escreva o que oferece. Se você exige muito, o outro irá perceber quais são suas experiências e o motivo para isso, e exatamente essas experiências atrairão novas experiências semelhantes para sua vida.
- Descreva menos o que você faz e mais o que você sente quando faz algo.
- Não escreva o que você acredita ser. Deixe o próprio leitor decidir isso por meio daquilo que você escreveu e como você escreveu. Se quer irradiar que é uma pessoa sensível, não escreva: "Sou sensível". Deixe o leitor perceber isso pela maneira como você escreve, pois seu magnetismo estará em ação. Descreva, por exemplo, uma sensação gostosa que você tem em determinada situação. Ou copie parte de um poema.
- Não escreva nada que tenha origem nos seus sentimentos associados a experiências ruins. Você irá apenas atrair mais do mesmo.
- Não escreva nada sobre sexo, a não ser que você queira principalmente sexo. Proximidade física satisfatória surge por si, assim que tiver encontrado a pessoa adequada. Escreva sobre o amor. O amor verdadeiro resulta num bom sexo por si só.

- Não descreva o tipo de pessoa que você quer evitar, a não ser que queira atrair isso de maneira mágica.
- Não enrole ninguém por motivos táticos, a não ser que queira direcionar seu magnetismo para manter pessoas sensíveis à distância. Alguém que saiba perceber sentimentos da maneira que você quer vai perceber a estratégia e não vai gostar.
- Se você esconder algo realmente importante, atrairá pessoas que estarão escondendo algo realmente importante de você.
- Na medida do possível, não aja contra seu verdadeiro sentimento, mesmo que isso seja sedutor. Quanto mais você o fizer, mais estará arruinando seu poder de atração de sentimentos. Não brinque com os sentimentos dos outros, a não ser que você queira atrair pessoas que brincam com os seus sentimentos. Não aja apenas para provar alguma coisa.
- Não esconda sua aparência, pois isso faz com que seu magnetismo irradie um sentimento de baixa autoestima. Assim que você se gostar, os outros o acharão muito mais bonito do que você imagina. Vale a pena investir um pouco para ter várias fotos suas, boas e atuais, que o deixem feliz sempre que as vê. Mesmo sem a intenção de entrar em um site de

relacionamentos, essas fotos funcionam como um buquê de flores que você dá a si mesmo. Coloque essas flores sobre sua mesinha de cabeceira e também on-line. Isso é seu poder de atração.

Para essa finalidade, não use fotos de currículo e muito menos aquelas em que aparecem outras pessoas – como, por exemplo, ex-companheiros –, mesmo que estejam recortadas e retocadas. Procure um bom fotógrafo, que saiba captar expressão, e conte a ele seus objetivos, o efeito que você quer transmitir. Uma foto é um forte ímã e tudo tem efeito nele.

- Esqueça Hollywood, a não ser que você queira atrair atores. Se você procura pessoas com sentimentos, mostre que é uma pessoa com sentimentos.
- Se você quer atrair alguém que tem o respeito e a consideração de outras pessoas, verifique se seus textos mostram isso.
- Quando conversar on-line, trocar e-mails ou se encontrar com alguém, tente sentir seu interlocutor. Ele não é um príncipe encantado nem uma princesa, mas um ser humano.

Faça perguntas que tocam o coração! Qual é o sonho dessa pessoa? O que a move? O que toca seu coração? O que a magoa? Pelo que ela se engaja? Onde ela se sente fraca? O que ela pensa sobre outras pessoas? Como ela enxerga a própria vida e onde está exatamente agora? Ela é vítima e, se sim, onde? Como ela lida com o próprio passado? Assim você vai perceber mais rapidamente como é de verdade a pessoa com quem se comunica, e o risco de você ser vítima das suas próprias ilusões é reduzido.

- Não faça segredo sobre você mesmo, a não ser que queira que seu magnetismo irradie o sentimento de rejeição. Os outros vão considerá-lo mais atraente quando você permitir que seu próprio coração seja sentido.

A experiência de sumir – um redirecionamento de seu magnetismo

Caso você esteja há algum tempo em um site de relacionamentos e sua procura ainda resulta infrutífera, não deixe de experimentar o seguinte: apague o seu perfil. Não o oculte, mas apague-o totalmente, mesmo que tenha sido complicado montá-lo. Isso não é uma perda, pois é evidente que ele não lhe trouxe nenhum sucesso. Esse perfil é velho, ele irradia como você era há meses ou anos, por isso só vai atrair repetições mais que conhecidas. Decida passar um período no qual você "não vai procurar". Talvez sejam inicialmente três semanas. Ou três meses. A decisão perfeita é aquela que soar adequada.

Preste bem atenção ao que acontece enquanto você estiver fazendo isso. Preste atenção principalmente ao sentimento depois do apagar. É bem provável que nesse momento muitas coisas fiquem claras para você. Muitas vezes parece que você se livra de uma pressão. Esse novo sentimento de liberdade modifica seu magnetismo de imediato. Observe como sua percepção em relação às pessoas que você encontra todos os dias na sua vida muda. Apenas sinta como o seu magnetismo volta a brilhar.

Caso você queira, crie um novo perfil depois de algum tempo. Provavelmente ele terá um efeito diferente do anterior. Talvez você tenha perdido a vontade de estar em sites de relacionamento. Essa é uma experiência muito pessoal sua.

Se você chegar à conclusão de que os outros supostamente só se interessam superficialmente por você e sempre "querem algo" de você, olhe para si mesmo: você realmente se interessa pela essência do outro? Por seus sonhos e esperanças, por seus medos e inseguranças? Você quer apoiar o outro em sua essência ou quer principalmente receber algo para si mesmo? Você está à procura de um sonho ou quer realmente conhecer alguém de verdade?

Exercício emocional – sentir a essência de uma pessoa

Olhe nos olhos de seu interlocutor, talvez enquanto ele ou ela esteja falando algo que não lhe interessa muito. Nessa hora, pense na frase: "Quero ver o amor em você". Tente enxergar o que há "por trás dos olhos". Observe seus próprios sentimentos nessa hora. Se você conhece uma pessoa e pensa em construir um relacionamento duradouro com ela, não observe apenas o que você sente, mas também o que "surge" entre vocês quando se encontram.

Surge amor? Surge alegria? Surge gratidão? Surge beleza?

Estamos nos referindo à beleza do encontro, e não à beleza física.

Ação decidida – motivo & sentido

Motivo

- Sua ação é um sinal. Principalmente para você mesmo. Ela cria uma sensação de clareza e de força em você. Esse sentimento é irradiado aos outros.
- Seu magnetismo faz com que as pessoas venham à sua casa. Sua ação abre as portas. Para a força do seu magnetismo, não é decisivo que você faça exatamente o que trará sucesso mais tarde, mas que faça algo em relação ao assunto.
- Agir modifica seu magnetismo na área em questão de "vítima" para "criador". Você interrompe a rigidez e põe um fluxo em movimento.

Sentido

- O sentido da ação decidida é perceber a própria força e, com isso, perceber a si mesmo. É amar-se mais por aquilo que você faz, em vez de ficar se julgando pelo que não ousa fazer.

Conhecimento vivenciado em relação ao nono segredo

- Independentemente daquilo que você fizer para alcançar algo... faça "com o coração". Imagine – apenas de brincadeira – que você pode direcionar a irradiação de seu magnetismo para lugares nos quais agiria apenas para si mesmo. Depois apenas aguarde e observe.
- Você conhece "fazedores"? O que eles têm em comum? Eles criam sucessos em momentos em que os outros ficam refletindo e hesitam. Eles conseguem aceitar com certa leveza os fracassos de suas ações. Os sucessos compensam os fracassos. Os fracassos não são vistos como erros, mas como ensinamentos. Qual o impacto dessas pessoas sobre você? Você encontra nelas algo que também gostaria de sentir ou irradiar?
- Lembre-se de situações nas quais acontecimentos importantes e pessoas vieram até você como presentes. Você tinha decidido algo... O que foi? E agiu. Mas não foi esse agir que resultou diretamente no sucesso, o sucesso veio até você através de um canal totalmente diferente.

- Se você deseja algo há tempos e não recebe... Você realmente agiu de maneira decidida? Ou agiu como uma vítima que se defende para não sofrer ainda mais? Perceba a diferença entre essas duas posturas básicas.

Como redirecionar seu magnetismo

- Assim que uma ideia surgir e uma decisão for tomada, registre isso por escrito e imagine as linhas gerais de um plano. Não é preciso ser o plano "certo", mas deve ser uma ideia de como colocar o novo em ação. Para a força de seu magnetismo, é importante que a ideia da ação seja posta no papel e que a suposição seja transferida da cabeça (virtual) para o papel (real).
- Dê pelo menos o primeiro pequeno passo desse plano imediatamente ou no dia seguinte!
- Faça "algo" por esse plano, de preferência todos os dias, independentemente do quanto isso pode ser. Mesmo que seja apenas retocar o plano.
- Corrija seu plano imediatamente ao receber informações extras, de modo que tenha sempre a sensação

de estar fazendo o melhor possível. Comporte-se de maneira "consequentemente flexível".

- Pense bem se e quando você vai revelar esse plano. Às vezes basta apenas uma observação irrefletida de alguém para esvaziar sua força. Muitas vezes, ter um pequeno "segredo" faz milagres.

O décimo segredo

"O momento mais importante da sua vida é o agora!
Tudo aquilo que você sente e pensa agora cria o seu futuro!"

A força do presente

Depois de compreender cada vez mais a força de seu magnetismo, talvez você deseje um caminho direto para limpar o antigo e criar o novo. Esse caminho existe e ele vai se abrir para você se integrar a força do presente à sua vida.

Quanto mais você viver no passado ou sentir o passado como uma carga, mais mergulhará repetidamente em antigos sentimentos. Dessa maneira, você criará em seu magnetismo uma força que atrai pessoas que querem vivenciar com você esses sentimentos antigos. Você simplesmente continua escrevendo seu passado no seu futuro, como um circuito fechado. A parte da vida afetada por esse efeito pode se parecer com um *hamster* correndo numa roda de exercícios. Você pode correr tão rápido ou tão devagar quanto quiser... mas nunca sairá da roda.

Há uma possibilidade de escapar da roda e criar um futuro que é realmente novo. Um futuro que seja menos o resultado do seu passado, livre do peso de antigas feridas.

Sinta sua vida mais e mais no agora! Decida-se e aja mais a partir do presente.

Para tanto, você precisa de confiança no caminho da sua vida e uma possibilidade adicional de decidir, sem ter de ficar usando o passado o tempo todo como conselheiro. Você terá as duas coisas na medida em que aplicar uma maneira de agir talvez pouco usada no momento.

O ciclo da sua vida no agora – decidir, agir, aceitar

1. Decidir no agora – use a força da intuição

Boa analista, planejadora e executora: a razão

Na vida cotidiana, uma suposta decisão da razão é, na realidade, uma decisão dos sentimentos. Tudo começa com a razão pensando. Ele pesa experiências, na medida em que se lembra do que ouviu, leu, aprendeu e vivenciou. Isso não é realmente "racional", mas principalmente emocional, pois cada uma dessas pequenas histórias e seus filmes interiores geram sentimentos. E esses sentimentos dizem: "bom" ou "ruim", alegria ou medo, peso ou leveza.

Você já percebe neste momento, enquanto lê, os problemas disso? Lentidão e incompletude! A razão faz esforço para contar uma pequena história. A partir disso surge um sentimento e você decide "sim", "não" ou "talvez". Então, aparece outro argumento e você torna a decidir. Se tiver sorte, aparecem muitos "sins" e você não precisa continuar pensando, mas logo se decide. Mas também é possível que no final você esteja com uma porção de "sins", "nãos" e "talvez" e precise tentar imaginar o que fazer a partir daí. Surge uma confusão de sentimentos e muitas vezes, por insegurança, acabamos nem agindo.

Além disso, a razão dispõe apenas de um repertório muito modesto de fatos reais, que, ainda por cima, são todos do passado. A maioria das informações está, por assim dizer, desatualizada.

Sempre que a razão decide, é o passado que está decidindo.
Somente aquele pequeno pedacinho de coragem
– de permitir uma imponderabilidade em meio
a uma decisão dessas – será recompensado com
aquilo que chamamos de uma nova experiência.

Decisor superior: a intuição

Nós supomos que nossa consciência consegue lidar com cerca de cinquenta unidades básicas (*bits*) de informação por segundo. Isso é relativamente lento e a quantidade de informações é pequena, motivo pelo qual você consegue "pensar" o resultado e expressá-lo em palavras.

O subconsciente, por sua vez, está envolvido com milhões de *bits* por segundo. No tempo que a razão precisa para contar de um a dez, sua intuição já contou muito mais de quinhentos mil. Enquanto você está ainda começando a pensar em um problema, sua intuição já tem o resultado e está intensamente ocupada em avisá-lo disso. Talvez você não consiga escutá-la, porque sua razão ainda está envolvida em contar até dez sem chegar a uma solução útil. Em vez de ouvir a intuição depois disso, ela recomeça a contar, porque fica com a impressão de ter contado errado.

O sentimento é a linguagem de sua intuição

O resultado de uma resposta intuitiva é tão completo, multifacetado e profundo que você não consegue "compreendê-lo" com a razão limitada. Por isso ele lhe é transmitido na forma de sentimento. Alguns chamam isso de "sentimento que vem da barriga"; outros, de "guia interior" ou intuição. Mas tudo se refere a essa mesma capacidade.

Enquanto estiver intensamente ocupado com os pensamentos, estará disperso e não conseguirá perceber essa mensagem dos sentimentos. Esse é o motivo pelo qual tantas ideias "brilhantes" só aparecem quando paramos de trabalhar no problema.

Você já dispõe da imensa capacidade da intuição. Não precisa fazer nada nesse sentido. Você precisa apenas começar a ouvi-la e isso também é fácil: pergunte-se, escute o seu íntimo, experimente e avalie se estava certo. É como aprender uma língua nova. Quanto mais você exercitar, melhor e mais precisamente vai compreender o que é dito, e sua confiança nessa capacidade crescerá.

"O espírito intuitivo é um presente sagrado e o espírito racional, um servidor fiel. Criamos uma sociedade que honra o servidor tendo esquecido o presente."
ALBERT EINSTEIN, físico, filósofo

Pequeno guia de conversação para respostas intuitivas

Com o decorrer do tempo, você irá conhecer com tanta exatidão seus próprios sentimentos intuitivos que um intérprete não será necessário. Você simplesmente vai sentir e não vai mais agir contra isso. Se quiser "acordar" sua intuição como conselheira para algum tema, as seguintes perguntas simples poderão ajudá-lo:

> *Você tem a sensação de algo "bom" ou de que "está tudo bem"? Caso contrário: O que seria bom?*

Abra mão de explicações. Confie! Basta a sensação de que está tudo bem ou não. Se não souber como perceber isso, perceba como você mesmo se sente ao pensar nessa ou naquela alternativa. Você também pode começar a fazer alguma coisa numa direção e ficar atento em como está se sentindo. Ou vá a um lugar (uma nova casa, uma nova região da cidade ou um possível novo local de trabalho) e observe como se sente. Se não perceber uma resposta clara ou estiver inseguro, faça perguntas mais específicas atrás de um "sim" ou de um "não".

Um "não" ou um "ruim" intuitivo (não está fluindo):

- Há algum problema por aqui!
- Aqui, algo parece "complicado" ou pesado (uma carga).
- Sinto uma resistência inexplicável e invisível, como se algo ou alguém estivesse me "freando".
- Quero ir embora. Não gosto disso.
- Externamente, sempre voltam a surgir novas resistências e problemas.

Um "sim" ou um "bom" intuitivo (está fluindo):

- Sinto leveza e alegria ao pensar ou fazer isso.
- Parece fácil.
- Parece que algo ou alguém está me "ajudando".

- Quero ir até lá. Gosto disso.
- Externamente, portas se abrem o tempo todo, como por milagre.

Você pode usar esse questionamento ao se encontrar com pessoas. Perceba como se sente enquanto um relacionamento está se desenvolvendo.

Se não notar uma direção ou não obtiver respostas claras, pode ser que no momento você realmente não deva fazer nada. Pergunte-se: É verdade que preciso tomar uma decisão agora? Qual é a sensação de tomar essa decisão agora, de suportar tudo até que sentimentos mais claros aflorem?

Pode ser que no exato momento desse questionamento os sentimentos claros venham à tona.

2. Agir no agora – faça aquilo que você quer vivenciar o quanto antes

Se for possível, de alguma maneira, não adie sua vida até um futuro incerto. Isso muitas vezes é uma fuga. Os sentimentos querem ser vividos agora, eles são como crianças: se consolá-los demais, eles ficarão muito insatisfeitos. Ou o tempo simplesmente vai passar.

A negociação frustrada com a vida

Michael e Astrid conheceram-se aos vinte e poucos anos na universidade; ambos estudavam Economia. O amor entre os dois foi fulminante. Mesmo depois de anos, ambos ainda estavam certos de que queriam passar a vida juntos. Eles sentiam um amor tão profundo um pelo outro, ligado ao desejo de liberdade e aventura, que fizeram o seguinte acordo: cada um deles iria utilizar sua excelente formação para construir aquilo que chamamos de carreira. Eles usariam toda sua energia e tempo até os quarenta anos para ganhar o máximo possível de dinheiro e poupar. Com essa economia, eles iriam viver, a partir de então, como sonhavam, até a velhice. Esse era o seu plano e assim eles agiram. Trabalharam muito, aproveitaram pouco e seu patrimônio cresceu como previsto. Aos 38 anos, Astrid sofreu um acidente de carro e morreu.

Vá atrás dos sentimentos desejados agora. Claro que mesmo assim você ainda pode ter objetivos, fazer planos e seguir anseios. Você pode expandir suas capacidades e seus conhecimentos. Você pode conquistar novas vivências. Mas faça tudo isso sem prejudicar tanto o presente. O agora é sua única certeza.

Caso você se pergunte por que algo aconteceu assim...

Talvez você já tenha percebido por si mesmo que não é uma boa ideia transferir a felicidade para o futuro. Subitamente, a pessoa querida, com a qual você fez seus planos, sumiu. Certamente vocês dois tinham boas intenções e agora você se pergunta como foi que isso aconteceu.

Talvez tenha acontecido porque ambos procuraram o amor no futuro, sem reconhecer que o amor só pode existir agora. Foi impossível encontrá-lo. Um dos dois – ou ambos – tinha uma ilusão na cabeça. Talvez você acreditasse na história de que em algum outro lugar – junto a outra pessoa ou num outro tempo – haveria sentimentos melhores. Mais amor. Mais satisfação. Mais segurança. Então adiou aquilo que poderia ter vivido nesse momento de seu relacionamento.

Tanto faz em qual tipo de relacionamento você está envolvido agora, sempre é possível haver mais amor e vivências ainda mais intensas – o quanto você quiser. E é possível aprofundar mais e mais o relacionamento exatamente com essa mesma pessoa ao seu lado. Há apenas uma premissa: vocês dois devem estar conscientes disso e ambos devem querer.

Se seu companheiro não se abre para isso, não espere por ele! Caso "espere", você vai sentir carência e retraimento e seu magnetismo vai irradiar carência e retraimento.

Não vivemos para criar vivências,
mas para passar por vivências.

O primeiro passo de qualquer mudança tem de ser dado por alguém. E, às vezes, até o segundo e o terceiro. Enquanto você souber que está dando o passo para si mesmo, isso não é um problema. Faça isso apenas para você, a fim de não se aprisionar mais. Continue se abrindo para o sentimento de amor em relação à própria vida. Você não precisa de seu parceiro para isso. Mantenha-se fiel a si mesmo e faça para você aquilo que esperaria que o outro fizesse. Às vezes, isso pode ter o efeito de um milagre.

"Amor passado é apenas lembrança.
Amor futuro é um sonho e um desejo.
Só podemos amar de verdade no aqui e no agora."
MAHATMA GANDHI, líder pacifista indiano

3. Cura para o amor – ver o que realmente existe

Se você decidiu não se magoar mais fechando o seu coração, também não vai mais esperar que alguém chegue e "conquiste" seu coração. Sejam quais forem os sentimentos com os quais você preencheu o seu magnetismo, você continua exercendo atração nesse caso. Se você espera que alguém abra seu coração, vai surgir uma pessoa que espera que você abra o coração dela. E nada vai acontecer. Ou vai surgir alguém que se aproxime de seu coração para abri-lo. E essa não é uma boa sensação.

É melhor que você mesmo se conquiste. Quanto mais você quiser sentir outras pessoas em seu âmago, mais virão aquelas que também querem senti-lo como pessoa.

Ao entrar em contato com alguém, você pode escolher: pode se ocupar em prestar atenção à superfície do encontro. Você escuta as conversas, observa seu transcorrer e o comportamento, a fim de compará-los às suas expectativas. Você pensa o que poderia receber do outro. Ou observa o que está acontecendo exatamente nesse momento com você: Como está se sentindo? Como o outro estará se sentindo? Há insegurança ou medo? Esses sentimentos também estão em você? Vocês dois se atraíram para sentir um ao outro.

Querer saber o futuro é algo como estar sentado num banco de praça em um dia quente de primavera tomando um sorvete e se perguntar: "Qual é o sentido da vida?"

Isso é absurdo.

Confie na sua vida

Certo, você abriu seu coração muitas vezes e em todas elas se machucou. Você não recebeu, de maneira duradoura, aquilo que esperava, e isso doeu. Você deu muito – todo o seu amor – e, no final, não foi recompensado, mas abandonado. Quase como se o Universo estivesse castigando continuamente o seu amor.

Talvez agora você esteja com a sensação de ter apenas duas possibilidades: fechar-se em si mesmo para não ser mais magoado, ou se arriscar novamente a se abrir, com o risco de ser novamente magoado. Talvez você também já tenha experimentado uma mistura entre abertura e proteção e descobriu que um amor realmente satisfatório não pode surgir assim.

Isso parece ser um dilema insolúvel. Talvez você tenha decidido não se ocupar mais de verdade com o assunto e dedicar-se aos bons amigos e ao seu trabalho. Talvez você também tenha acalentado a ideia de que não há uma única pessoa com a qual pudesse experimentar com profundidade e diversidade aquilo que você anseia. Ou que o melhor já passou.

Independentemente de como queira explicar a situação a si mesmo, bem dentro de você talvez exista alguém muito triste e insatisfeito, porque ele não quer acreditar de verdade nisso.

O agora como caminho para sentir mais amor

Todo o conflito sobre "abrir-se" ou "proteger-se" não é nada além do que uma história de seus pensamentos motivada por vivências passadas. Enquanto você continuar refletindo sobre se abrir ou se proteger será impossível encontrar uma solução, pois os pensamentos em si são o problema.

Teste você mesmo: imagine uma pessoa diante da qual você ousa se abrir mais ou se protege mais. E, agora, um jogo mental: tente perceber como se sentiria se soubesse, com certeza, que é impossível abrir ou fechar um coração. Faça de conta que é assim. Qual a sensação? Perceba-a.

A paz interior e a alegria ou alívio que talvez esteja sentindo agora vem do fato de que você está, neste momento, exatamente no presente. Você acalmou a história de sofrimento de seus pensamentos. Caso você se encontrasse com alguém nesse estado, a outra pessoa iria achá-lo "tranquilo em relação a si mesmo" e centrado. E você também enxergaria o outro da maneira como ele realmente está no momento.

A solução para o seu coração e para o amor

- Decida não mais ser vítima do seu passado.
- Decida que você não quer mais saber o que poderia receber da outra pessoa, mas que quer sentir o que acontece em um encontro com ela.
- Não procure mais por "parceiros" ou outros tipos de parcerias do tipo comercial, mas pela vivência de perceber uma pessoa como ela é de verdade. Tenha interesse pelo que ela ama, pelo que está sentindo agora, quais são os seus anseios, quais são as ideias dela para o futuro.
- Converse menos sobre o passado, principalmente sobre relacionamentos dolorosos. Seu interlocutor também tem vivências semelhantes e, se você fizer disso um tema, ambos vão ativar antigos padrões de sentimentos, transferindo-os aos seus magnetismos.
- Compare menos, observe mais.

- Permita-se "não ter opinião" sobre alguns temas, mas se mantenha interessado na opinião do outro. Muitas vezes, mais interessante do que a opinião em si é saber como ele chegou até ela.
- Permita-se não saber nada sobre determinados assuntos. E sinta como essa sensação é boa e libertadora.

Quando voltarmos a nos ver, inicialmente, como pessoas e, depois, como homem ou mulher, ou em uma função, ou como história, os corações começarão a dialogar. Dessa maneira, durante um encontro, pensaremos menos sobre o que o outro pode nos dar e sentiremos mais quem realmente está sentado à nossa frente e o que está acontecendo entre os dois indivíduos. Ao mesmo tempo, nos perceberemos: estamos sentados aqui sentindo o outro. E, com isso, receberemos o maior presente de todos: amor por aquilo que está acontecendo exatamente nesse momento.

Comece a deixar de dar tanta importância ao seu passado. Quanto mais você se chamar à consciência – onde você está no momento, o que está sentindo agora, com quem está agora e o que acabou de vivenciar –, mais perceberá que seu passado realmente não é importante. Aquilo que vive agora é a única coisa que você tem.

Quanto mais você perceber isso, mais coragem terá para permitir a entrada do amor em você.

Aqui e agora – motivo & sentido

Motivo

- O amor só pode ser sentido aqui e agora. Não há lembrança no amor. O que há são apenas lembranças que provocam amor em você agora. Você percebe que a sensação de amor desvanece quando a lembrança some.
- Os sentimentos não podem ser transferidos para o futuro. Será que isso funcionou alguma vez? A esperança de mais felicidade no futuro nos desvia das chances de sentir amor agora.
- Seu magnetismo é composto por seus sentimentos. Se você transferir os bons sentimentos para o futuro, sentirá agora uma carência desses bons sentimentos. O que essa carência vai atrair?

Sentido

- O sentido do reconhecimento de que o amor não conhece passado nem futuro consiste em sentir-se no aqui e agora e aceitar o que somos e o que acontece.

Quanto mais você souber amar e apreciar o que tem – pois isso é a única coisa que você tem na realidade –, mais felicidade sentirá e irradiará.

Conhecimento vivenciado em relação ao décimo segredo

- Você se lembra de capítulos no livro de sua vida nos quais você havia esperado um futuro melhor em uma relação? Quantas vezes isso deu certo? Quantas vezes o resultado foi diferente daquele esperado?
- Observe as pessoas que planejam o tempo todo e que aguardam ou trabalham por um suposto futuro melhor. Qual o efeito dessas pessoas sobre você? Elas geram um sentimento realmente bom? Você gostaria de ser assim?
- Quando você observa alguém que está totalmente imerso em uma atividade criativa, como a pintura de um quadro ou tocando música... como você se sente nessa hora? Você percebe que a simples observação de alguém que vive totalmente no presente se transfere para o seu estado de espírito? Esse será seu efeito sobre as pessoas quanto mais aprender a amar todos os instantes de sua vida.

Como redirecionar seu magnetismo

- Se você ficar preso a lembranças desagradáveis, vai criar sentimentos que não têm mais razão de ser no agora. Você programa seu magnetismo para continuar atraindo pessoas e vivências que geram sentimentos semelhantes.

  Melhor: encontre os aspectos positivos da situação passada. Eles sempre existem. Por exemplo, você amadureceu devido a uma situação que superou. Sem essa experiência, você não seria quem é hoje.

- Se você ficar preso a lembranças felizes sentindo assim o que perdeu, você está preenchendo o seu magnetismo com sentimentos de perda no agora.

  Melhor: você pode considerar o copo de sua vida meio cheio ou meio vazio. Exercite a perspectiva do "meio-cheio" e descubra quais são os presentes de sua vida no agora.

- Existe um "altar interno" dentro de você, no qual você conserva partes de seu passado ou uma pessoa concreta de um relacionamento anterior? Isso bloqueia coisas novas nessas áreas. Acabe com o altar e escolha sua vida real que recomeça a cada novo instante.

- Não tenha receio de perguntar à sua razão, mas sempre preste mais atenção ao seu sentimento. Dessa maneira você vai encontrá-lo: o seu caminho absolutamente individual para uma vida satisfatória em todas as áreas.

Boa viagem!

AS REVELAÇÕES DO ESPELHO

TEMAS...	... POSSÍVEIS CAUSAS EM SEU MAGNETISMO...	... E CAMINHOS PARA A SOLUÇÃO E O REDIRECIONAMENTO
Observar – o que chama a minha atenção?	Compreender – qual é o meu "filme" interior?	Modificar – qual é a minha nova decisão?
Atraio parceiros "não disponíveis" ou com medo de relacionamentos. Também sinto medo de um relacionamento mais íntimo. Ao mesmo tempo, anseio por proximidade.	• Tenho medo de perder minha liberdade em um relacionamento. Não quero que alguém me "possua". Tenho medo de "perder-me" na outra pessoa. • Uma compreensão errada do que liberdade realmente significa. • Tenho medo de não conseguir preencher as exigências do relacionamento amoroso. • Um companheiro com medo de se relacionar não traz o "risco" de subitamente exigir um relacionamento. • Gosto mais da aventura de relacionamentos novos do que de um relacionamento estável duradouro.	• O reconhecimento: enquanto eu tiver de atentar para resguardar minha liberdade e para demonstrá-la, não serei livre. Sou escravo de uma ideia de liberdade. • O reconhecimento de que ninguém pode dar ou tirar a liberdade do outro. A liberdade existe assim que reconhecemos que a decisão está sempre em nossas mãos. • O reconhecimento de que o amor verdadeiro traz paz e profunda compreensão. • O reconhecimento de que a verdadeira liberdade significa ligar-se a outro profundamente, sem com isso ter mais obrigações. • O reconhecimento: se o outro supostamente "exige" algo de mim, ele está apenas contanto sua história pessoal sobre intimidade e relacionamento. Isso não traz limitação, é apenas uma história e posso gostar dela e partilhá-la ou não.

Atraio parceiros com medo de relacionamentos, embora eu ame acima de tudo relacionamentos intensos e já os tenha vivido.	• O medo da perda está em mim mesmo. Isso atrai companheiros com medo de relacionamentos (um motivo: medo da perda). Por isso, quero tanto – e de preferência rápido – um relacionamento intenso, porque espero que isso seja minha proteção contra a solidão e meu medo de ser abandonado.	• Permitir-se saber que "tudo bem" ter medo da perda. Isso é um medo básico de quase todas as pessoas e, por isso, "normal". • O reconhecimento de que temos de tomar o tempo todo a decisão sobre se nos fechamos e não sentimos amor ou se temos a coragem de nos abrir sempre, porque uma vida sem intimidade e amor não tem sentido.
Atraio pessoas que não são honestas comigo.	• Rejeito fortemente a desonestidade porque... (pais, ex-companheiro...) • Percebi que tendo a não ser autêntico em determinadas situações. Isso me deixa chateado comigo mesmo e por isso me chateia especialmente nos outros.	• O reconhecimento de que a "verdade" absoluta é uma ilusão. Há apenas pontos de vista e cada um tem o seu. • As pessoas são o que são, elas fazem o que fazem. Ninguém é sempre honesto. Quem sou eu para ditar como o outro tem de ser? • O reconhecimento de que toda pessoa, inclusive eu, carrega consigo todos os tipos de tendências, mais ou menos desenvolvidas. Eu também posso ser tudo: amoroso ou irritadiço, justo ou injusto, honesto ou desonesto, corajoso ou medroso... Isso faz parte da minha humanidade e não é um erro.

Atraio pessoas que não sabem o que querem ou que não se decidem / não me assumem.	• Minha própria insegurança ou incerteza sobre aquilo que quero ou o que poderia acontecer se eu mesmo tomasse decisões claras. • O medo de ser rejeitado ou castigado com falta de amor se eu for do jeito que sou. • Eu não decido de verdade e deixo a decisão para o outro, esperando que ele/ela assuma primeiro.	• Decidir, decidir, decidir! Nunca "contra" algo, sempre "por" algo. Principalmente em relação a uma pessoa – ou pessoas. Pelo amor. Pelos sentimentos. Pela alegria. Pelos próprios valores. E observar. Sempre voltar a perceber que tudo é uma sequência de decisões próprias – conscientes ou não. A partir daí, sentimos clareza dentro de nós mesmos e isso atrai pessoas com clareza – ou faz com que elas se tornem mais claras.
Atraio pessoas que fingem seus sentimentos.	• Finjo a mim mesmo – parcialmente – sentimentos, porque tenho muita vontade de vivenciá-los. • Eu finjo sentimentos na esperança de que assim eles voltem para mim como reação a determinados sentimentos.	• Observar as pessoas que fazem exatamente isso. Não julgar, mas tentar perceber como o outro é na realidade, por trás daquilo que está encenando. E tentar compreender: Por que ele está fazendo isso? Do que ele tem medo? O que ele está procurando na realidade? A partir daí, também compreenderei algo sobre mim.

Minha vida se compõe principalmente de uma sequência de problemas.	• A convicção de que sou uma pessoa complicada. • A ideia de que as pessoas precisam aprender a lidar comigo. • A convicção de que tenho "problemas" que os outros não têm. • A convicção de que a vida é feita de tarefas que é preciso resolver. • A convicção de que há sorte e azar.	• Saber que todas essas convicções são o motivo para a atração no ímã, e não o resultado. Enquanto eu acreditar que é assim, continuará sendo. • Cada uma dessas convicções é apenas uma história criada por pensamentos. Quase nada é verdade se realmente formos checar. De onde vêm essas convicções? (pais, companheiros...) • Vamos nos deslocar dos "problemas" para "acontecimentos", que se compõem de causa e efeito. • O reconhecimento de que acontecimentos passados são apenas lembranças. Eu posso ficar pensando neles o tempo todo ou posso deixá-los onde estão, e pensar na minha vida "a partir de agora". Eu recomeço a minha vida a cada instante novamente.

Meus relacionamentos costumam ser muito intensos, em geral dramáticos ou complicados, mas no final pouco satisfatórios para mim.	• A convicção de que o amor e sentimentos dramáticos andam juntos. • A convicção de que a harmonia seria tediosa. • A ideia de que o friozinho na barriga (medo) tem alguma relação com o amor e sua ausência significa pouco amor.	• Anotar as próprias convicções (!) e avaliá-las. Aquilo que penso realmente está certo? • Anotar os próprios objetivos: O que quero realmente? Quais qualidades deve ter um relacionamento que funciona? Como ele deve ser para eu considerá-lo bom e me dispor a preenchê-lo de vida? Mesmo mais tarde, depois de meses e no dia a dia. O que estou disposto a mudar na minha vida para possibilitar um relacionamento que funcione? • Tudo bem para mim "crescer" junto com uma pessoa e dividir espaço e tempo?
Em minha vida/em meus relacionamentos muitas vezes reina o "caos".	• Falta de clareza interior, falta de decisões, falta de ações decididas. • Pouca consciência sobre os motivos pelos quais estou aqui e o que quero sentir concretamente. • Não sou realmente livre. Eventualmente ainda me prendo a lembranças de um relacionamento passado.	• Arrumar! Tomar decisões em todos as áreas da própria vida, independentemente de um relacionamento. Como está minha casa? Meu carro? Meu porão? Meu armário? Meu local de trabalho? Eu gerencio o caos ou moldo minha vida? • Conquistar clareza: será que sei realmente o que quero? Escreva. Algumas visões soam bem, mas são praticamente impossíveis, porque se contradizem. Descubra: Será que essa ideia é mesmo realizável? Onde estão as dificuldades? Tomar novas decisões! • Avaliar o "espaço interior". Ele existe? Está livre?

• Atraio pessoas com determinado comportamento que me faz sentir desvalorizado. • Atraio pessoas que mostram paulatinamente comportamentos que rejeito.	• Transformei um modo de comportamento observado anteriormente em um importante "símbolo" pessoal para a rejeição (filme interior). • Julgo muito as pessoas segundo determinados comportamentos e, a partir daí, desenvolvo rejeição ou aceitação. Eu "julgo" muito.	• Checar: É correto que esse comportamento sempre representa aquilo que eu imagino? O que ele poderia significar do ponto de vista de outra pessoa? Supondo que o outro me valoriza, por que, mesmo assim, ele age desse modo? • Viagem imaginária: Como seria se uma pessoa, da qual sei que me ama acima de tudo, agisse de maneira inconsciente exatamente assim algum dia? Seria ruim? Ou eu poderia até amar isso, pois amo a pessoa?
• Amo personalidades "fortes", também as atraio, mas depois sou tratada com desprezo. • Atraio pessoas que querem exercer poder ou violência sobre mim.	• "Admiro" pessoas que sabem mais do que eu ou que são mais importantes do que eu. • Rejeito claramente algo em mim (p. ex., o corpo). • Não quero mais de maneira alguma um parceiro apagado, fraco.	• O reconhecimento de que ninguém neste mundo é mais ou menos importante do que nós mesmos. Há pessoas nas quais reconheço determinadas características que podem me completar ou estimular ou com as quais posso aprender. • Anotar e resumir: por que/ onde/ quando fui/ quando sou uma pessoa forte? • Obter clareza! Quais são meus supostos pontos fracos e o que penso deles? O que rejeito em mim? Por quê? Isso é real? Supondo que eu fosse perfeito, sendo exatamente como sou: será que essas características não poderiam ser até pontos fortes? • Por que admiro pessoas poderosas ou "fortes"? Como me sinto ao lado delas?

Quero atrair parceiros/ as especialmente masculinos/ femininos, mas em geral atraio o oposto.	• Sinto-me pouco masculino ou feminina.	• Utilizar o "interruptor interno" e mudar o magnetismo. Não trabalhar no próprio comportamento, mas apenas observar o efeito do interruptor.
Quero atrair parceiros/ as especialmente masculinos/ femininos, e até consigo, mas eles logo se vão.	• A partir de determinado grau de afeto do outro, eu me pergunto: por quê? E duvido de que ele realmente esteja afeiçoado a mim ou de que esteja sendo honesto (autoestima). • A partir de determinada fase da intimidade/ paixão, transformo o parceiro em "algo muito especial" e me sinto inferiorizado em relação a ele (autoestima).	• Sentir o "amor pela própria vida". • Lembrar-se de perceber qual sentimento de vida você escolheu para si e perceber, independentemente do outro, como a própria vida está "a caminho" de levá-lo até ele. • Usar o "interruptor interno" e modificar o magnetismo. Não trabalhar no próprio comportamento, mas apenas observar o efeito do interruptor.

Este livro foi composto em Dante MT
para Texto Editores Ltda.
em dezembro/2010